BILLIAED BASIC GUIDE BOOK

기초이론과 테크닉을 위한

기본 **당구교실**

일신서적출판사

머 리 말

당구가 어려운 것이라고 생각하고 있는 사람들이 많은 것 같다. 그러나 당구처럼 시작하기 쉬운 스포츠는 없다.
경기장에 가면 용구가 모두 갖추어져 있는데다 『지점』이라는 핸디제도가 있으므로 초심자와 상급자가 대등하게 경기를 할 수 있다. 그러나 간단하게 시작할 수 있음에도 불구하고 중도에서 포기해 버리는 경우가 허다하다.

이것은 기초가 되는 기술의 연습을 견실하게 하지 않았기 때문에 테크닉이 늘지 않아 싫증을 느낀데 기인된다고 생각한다. 당구는 간단하게 시작할 수도 있는 동시에 매우 오묘한 경기인 것이다.

그래서 두뇌를 쓰는 스포츠라고 말한다. 물리학이나 수학을 응용하여 공의 진로를 예측해야 하기 때문이다. 또 올바르게 예측했더라도 계산대로 정확하게 치지 않으면 공은 서낭한 내로 진행해 주지 않는다.

초심자의 기분으로는 곧 경기를 즐기고 싶은 것이 당연한 일이겠지만 급할수록 돌아가야 한다.
차분히 기초를 익혀 두면 테크닉의 숙달도 빨라진다. 테크닉이 숙달하면 당구는 보다 즐겁게 되고 세계 선수권도 꿈만은 아닐 것이다.

이 책은 지금부터 당구를 시작하려는 이들에게 기초지식과 기초기술을 중심으로 알기 쉽게 설명하고 있다. 이것을 읽고 당구가 생활오락이나 생활 스포츠로 되어 주었으면 하는 마음 간절하다.

차 례

제1장 기초지식

용구 10
- 당구대 10
- 큐 15
- 채점반과 스코어보드 16
- 공(볼) 14
- 초크와 파우더 16

캐롬 경기 17
- ○ 4구 경기 17
  - 채점 방법 18
  - 뱅킹 20
  - 경기 22
  - 코너의 제한구역 25
  - 지점 19
  - 서브 21
  - 경기의 반칙 22
- ○ 3구 경기 26
  - 뱅킹의 방법 26
  - 채점방법 27
  - 서브의 방법 27
- ○ 스리 쿠션 경기 28
  - 채점 방법 28
  - 지점·반칙·승부를 정하는 방법 29
  - 뱅킹과 서브 28
- ○ 보크라인 경기 30
  - 보크라인 경기의 종류 30
  - 반칙과 득점 34
  - 뱅킹과 서브 34
  - 초구 위치에 되돌리는 경우 34
- ○ 프리경기 35

포켓 경기 37
- ○ 로테이션 경기 37
  - 뱅킹과 서브 38
  - 룰 39
  - 래크 39
  - 지점과 채점법 40

- 14-1 래크 경기 **41**
    - 래크의 방법 **41**
    - 득점과 감점 **42**
    - 3회 연속 감점을 당했을 경우 **43**
    - 플레이크 샷 **41**
    - 세이프티 **43**
    - 승패를 정하는 방법 **43**
- 에이트 볼 경기 **44**
- 나인 볼 경기 **45**
- 포라드 경기 **46**
    - 플레이 샷과 제 1, 2 이닝 **46**
    - 포켓 경기의 파울 플레이 **47**

제 2 장 기본을 익히자

폼 50

- 큐의 중심 **50**
- 그립 **52**
- 표준적 브리지 **53**
- 특수한 브리지 **55**
- 스트로크 **62**
- 스탠스와 몸의 위치 **51**
- 브리지 **52**
- 브리지의 차이 **54**
- 올바른 자세 **59**

올바른 타구 법 63

- 수구의 당점 **63**
- 수구의 운동과 진로 **69**
- 힘 가감과 쿠션 **73**
- 힘 가감에 의한 반사각의 차이 **83**
- 수구의 운동과 진행법 **65**
- 두껍게 맞히는 방법 **70**
- 공의 진로와 반사각·분리각 **77**
- 쿠션의 입사각과 반사각 **84**

차 례

제3장 기본 테크닉

초급 테크닉은 이지 볼부터 88

3각구(이지 볼)의 겨냥법과 타구 법 **88**
밀어치기의 겨냥법과 타구 법 **90**
끌어 치기의 겨냥법과 타구 법 **92**
끌어 치기의 연습 **94**
얇게 치기의 겨냥법과 타구 법 **97**
비틀어 치기의 타구 법 **99**
마중 나오기 치기의 타구 법 **104**
걸쳐 치기의 타구 법 **106**
되받아치기의 타구 법 **108**
되받아치기의 응용 **111**
빈 쿠션의 타구 법 **112**
공 쿠션의 타구 법 **116**

중급 테크닉 118

원 쿠션의 타구 법 **118**
투 쿠션 치기의 연습 **122**
모아치기 **126**
세리 **132**

투 쿠션의 타구 법 **120**
스리 쿠션의 타구 법 **124**
마세 **128**

제 4 장   실전 상급 테크닉

서브는 공식대로 하라 136

모아치기의 실전 테크닉 138

보크라인 경기의 모아치기 144

스리 쿠션 경기의 테크닉 151
    파이브 앤드 시스템 **152**　　플러스 토우 시스템 **157**
    맥시멈 잉글리시 시스템 **161**　　노 잉글리시 시스템 **164**
    더블 레일 시스템 **165**　　리 보이스 시스템 **167**

❖ **당구의 에티켓** 168

제 5 장   포켓 당구의 실전 테크닉

포켓 경기 170
    기본적인 겨냥 법 **171**　　뱅크 샷의 겨냥 법 **172**
    키스 샷의 겨냥 법 **174**　　콤비네이션 샷 **176**
    캐논 샷 **178**

부록   당구 용어 해설 181

제 1 장
기초 지식

- 용구
- 캐롬 경기
- 포켓 경기

용구

당구의 좋은 점은 빈손으로 당구장에 가더라도 모든 용구가 갖추어져 있다는 점이다. 베테랑으로 선수권 대회에 출전할 정도의 플레이어는 자기의 큐를 특별 주문하여 만들어서 가지고 있지만 그것은 매우 드문 예이다.

그러나 모든 것이 갖추어져 있다고 하더라도 용구에 관해서 최소한 알아두어야 할 점이 몇 가지 있다. 기초적인 테크닉을 배우기 전에 먼저 용구를 완전히 이해하는 것이 필요하다.

당구대

당구대에는 4종류가 있는데, 공통된 점은 높이로 780mm에서 790mm 이내로 정해져 있다. 단, 완전히 수평으로 되어 있어야만 한다.

당구대는 경기에 따라서 4종류가 있다.

작은 대(경기면적 2336mm×1168mm)
주로 4구 경기에 사용되어 왔으나 현재는 거의 사용하지 않고 있다.

중간 대(경기면적 2540mm×1270mm)
주로 4구 경기에 사용된다. 또 3구 경기, 42cm 보크라인 경기, 프리 경기 등에도 사용한다.

큰 대(경기면적 2844.8mm×1422.4mm)
스리 쿠션 경기용의 당구대, 47cm 보크라인 경기, 프리 경기에도 사용된다.

포켓 대(경기면적 2540mm × 1270mm)

포켓 경기는 모두 이 크기의 당구대에서 한다. 포켓 구경은 코너가 123.8mm ~130mm, 사이드가 136.5mm~142.8mm로 되어 있다. 구대 테는 벚나무나 졸참나무의 딱딱한 나무로 되어 있다.

바닥에는 대리석이나 슬레이트가 깔려 있고 그 위에 털을 깎아서 손질한 나사가 팽팽하게 깔려 있다.

또 바깥 테의 안쪽에는 공을 되튀기기 위해서 탄력 있는 고무쿠션을 부착하고 그 위를 나사로 덮고 있다. 당구대의 좋고 나쁜 것은 이 쿠션과 바닥이 울렁거리지 않고 고른가의 여부와 나사가 팽팽하게 깔렸는가에 따라 결정된다. 특히 클로스라고 불리는 나사는 털에 얼룩이 생기면 공의 회전 운동이 이상해진다. 그런 까닭에 당구장에서는 구대를 사용한 다음 고무솔로 물을 빼고 다리미로 다려 놓는다.

또 고무 쿠션도 오래 되면 탄력성을 잃어 입사각이나 반사각이 이상해진다. 좋지 않는 구대에서 연습하여 나쁜 버릇이 한번 붙으면 뒤에 수정하는 것이 어렵게 되므로 좋은 구대를 골라서 하기를 바란다.

구대 바깥 테에는 세로를 8등분, 가로를 4등분한 부분의 7개와 3개의 포인트에 다이아 나 동그라미 마크가 들어 있다. 조개나 뿔, 상아 등으로 만들어져 있는데 이 포인트는 공의 위치나 입사각도, 반사 각도를 계산하는 중요한 마크이다.

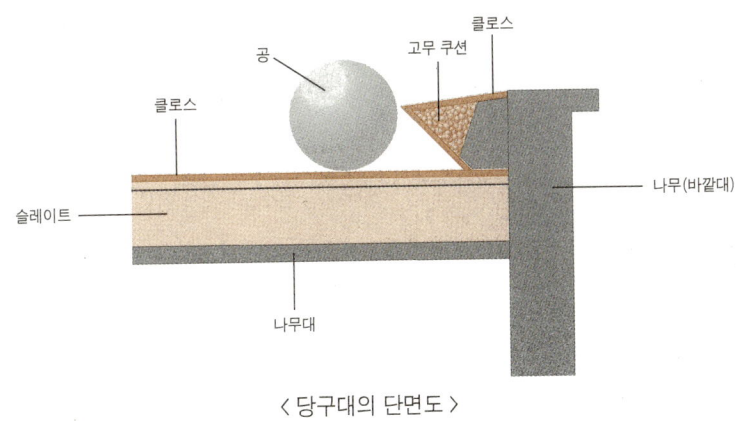

〈 당구대의 단면도 〉

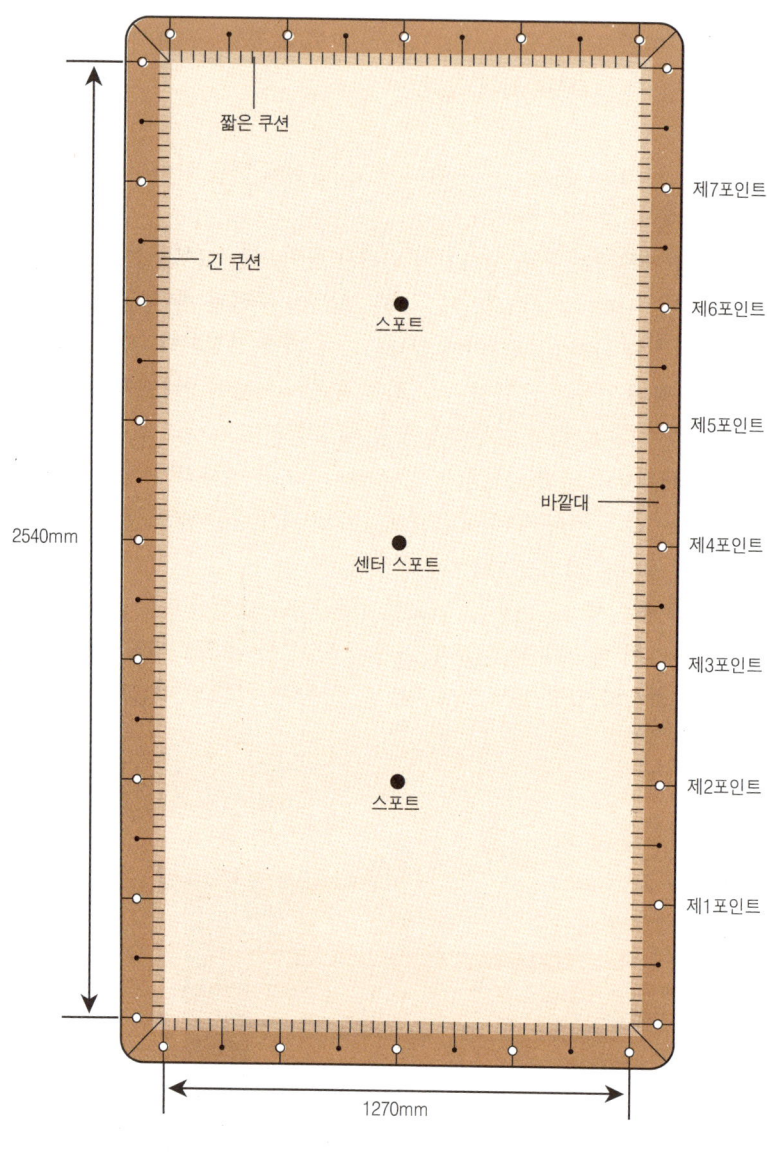

< 캐롬경기 당구대 >

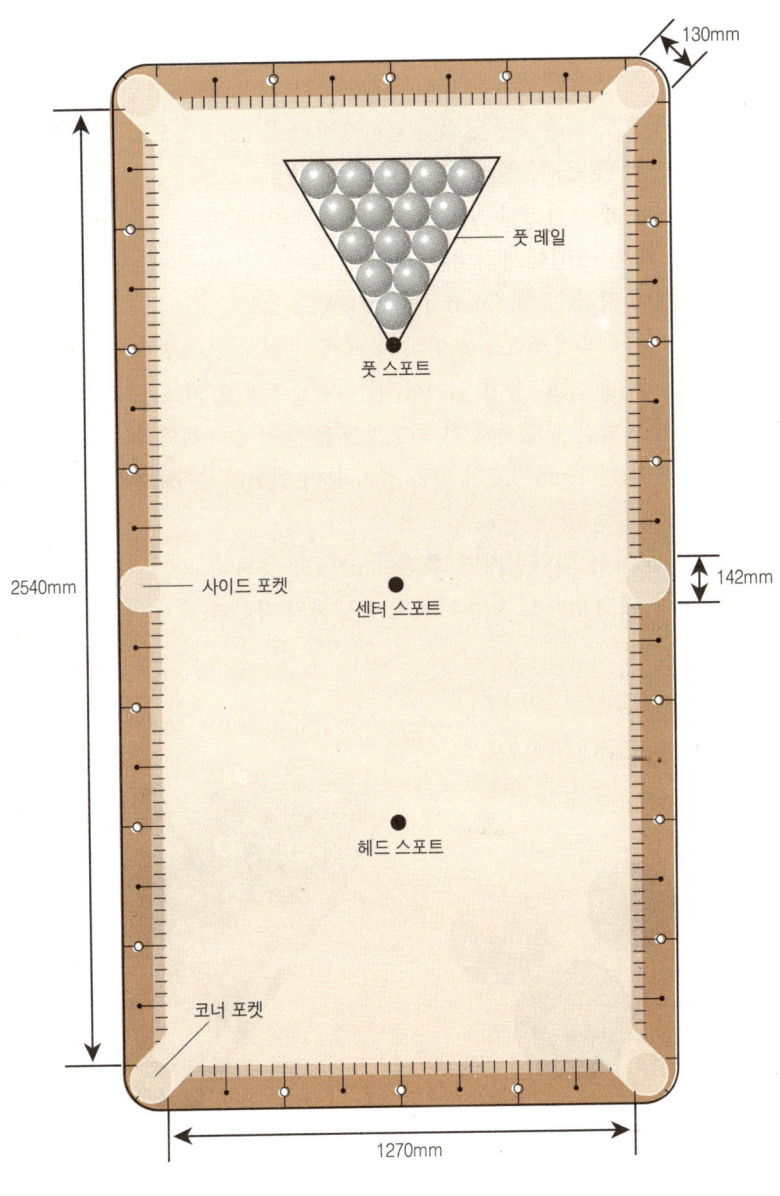

< 포켓경기 당구대 >

공(볼)

이전의 당구공은 양질의 상아가 좋다고 하여 사용되어 왔다. 그러나 상아는 이상을 일으키기 쉬우므로 요즘에는 양질의 플라스틱 공을 공식 공으로 인정하고 있다. 현재 거의 모든 당구장은 이 플라스틱제의 공을 사용하고 있다. 또한 세계 선수권 대회에서는 벨기에 제 플라스틱 공이 공식 공으로 되어 있다.

공의 크기는 캐롬 경기에서의 4구 경기를 제외하고 직경 61.5mm로 정해져 있다. 4구 경기만이 약간 큰 65.6mm 공을 사용하고 있다.

포켓 경기의 공은 직경 57.1mm이다 무게에 관해서는 특별한 규정은 없지만 캐롬 경기에서는 230g전 후, 포켓 경기에서는 170g 전후로 되어 있다.

캐롬 경기에서는 빨간 공 2개와 흰 공 2개 또는 빨간 공 1개와 흰 공 2개를 쓴다. 흰 공 중 1개에는 직경 1mm정도의 검은 점이 붙어 있어서 수구(자기 공)를 분별하도록 되어 있다.

공은 초크가 묻어서 더러워지면 회전이 고르지 못하게 되기 쉽다. 사용 후에 더러운 것을 닦아 내고 천으로 윤을 내도록 유념하기 바란다.

〈 캐롬경기 할 때 사용되는 공〉

〈 포켓경기 할 때 사용되는 공〉

큐

경기하는 사람에게 있어서 가장 중요한 용구는 큐이다. 공식전이나 경기대회에서는 자기가 갖고 있는 큐브를 쓰도록 되어 있지만 보통은 당구장에 비치되어 있는 큐를 쓴다.

큐에는 길이나 무게의 제한은 없으나 지나치게 무겁거나 짧으면 자세가 흐트러지게 되므로 자기에게 알맞은 큐를 선택하기 바란다.

일반적으로 길이는 137cm에서 147cm, 무게는 450g에서 650g사이이다.

큐를 고르는 포인트는 먼저 구부러진 상태를 확인하는 것이다. 구부러진 큐로는 올바른 샷을 할 수 없다. 길이는 발밑에서 수직으로 세워 자기의 입 아래 가까이에 닿을 정도가 좋다고 한다.

여러 가지로 시험해 보아서 자기에게 알맞은 길이를 찾아내기 바란다.

큐 끝의 팁도 중요하다. 이 부분은 가죽으로 만들어졌는데 오래되면 얼룩이 져서 정확한 타구 법을 할 수 없다. 잘 손질된 매끄러운 것을 골라야 한다.

또 큐는 거의가 2개로 이어져 있다. 그 이은 곳의 상태에도 유의해야 한다.

이은 곳이 나쁘면 구부러진 큐와 마찬가지로 겨냥한 대로의 샷을 할 수 없다.

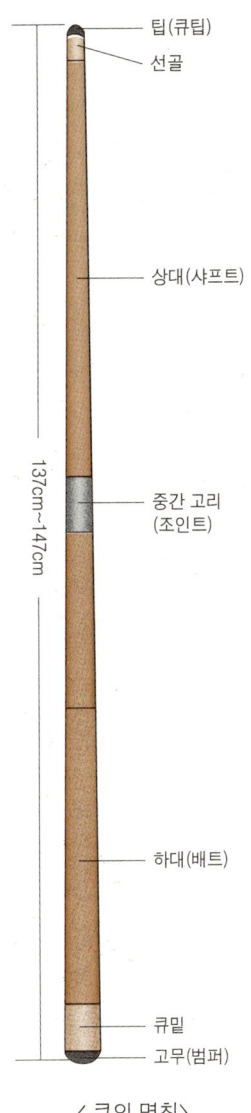

〈 큐의 명칭 〉

초크와 파우더

공이 갖는 특성을 최대한으로 활용하기 위해 팁의 끝에 바르는 미끄럼 방지의 분말을 굳힌 것이 초크이다. 팁은 가죽으로 만들어져 있으므로 공과의 마찰로 매끈매끈하게 되어 버려서 그대로의 상태에서 공을 치면 미스 샷 하게 된다. 특히 공의 좌우나 상하를 겨냥하여 칠 때에 초크를 바르지 않으면 반드시 미끄러지게 된다.

초심자는 초크의 중요성을 알지 못하기 때문에 초크를 바르는 것을 잊어 버리기 쉽다. 초크는 3회 또는 4회의 샷 때마다 팁의 전면에 골고루 엷게 칠하도록 유의하기 바란다.

파우더는 큐의 미끄럼이 잘 되기 위해 손과 큐가 닿는 부분에 바르는 가루이다. 너무 많이 바르면 구대를 더럽히게 된다. 이것은 초크도 마찬가지이다.

채점반과 스코어보드

채점 반은 당구장에 설치되어 있는 주판 같은 것으로 이것을 사용하여 득점을 계산한다. 왼쪽에 5개, 오른쪽에 50개의 공이 붙어 있어서 왼쪽의 공은 1개 50점, 오른쪽의 공은 1개 1점이다.

스코어보드도 득점을 기록하기 위한 보드로서 각 경기마다 사용하는 보드는 달라진다.

주판 식은 주로 4구 경기에 사용하지만 스리 쿠션 경기나 포켓 경기의 경우는 흑판을 사용하고 있다. 흰 초크로 숫자를 써 넣기 때문이다.

당구의 경우, 자기의 득점은 자기가 써넣는 것이 보통이다. 이런 때에 자기의 득점을 늘이는 등 부정한 방법은 바람직하지 않다.

또 용구로는 구대의 먼 곳에 수구가 있을 때에 사용하는 금속제의 산 모양을 한 레스트가 있다.

캐롬 경기

　당구는 대별하여 빨간 공과 흰 공을 사용하여 하는 캐롬 경기(캐롬이란 공을 맞힌다는 뜻)와 겨냥한 공을 구멍에 떨어뜨리는 포켓 경기로 나눌 수 있다.
　현재 우리나라에서 가장 많이 즐겨 하고 있는 당구 경기는 캐롬 경기의 4구 경기이다. 캐롬 경기에는 이 밖에 3구 경기, 보크라인 경기, 스리 쿠션 경기 등 여러 가지 경기가 있다. 먼저 캐롬 경기의 여러 가지에 관해서 경기의 룰이나 시합방법 등을 설명해 보기로 한다.

○ 4구 경기

　4구 경기는 빨간 공・흰 공 각각 2개, 모두 4개의 공을 사용하여 하는 경기이다.
　우리나라에서는 대부분이 4구 경기로 플레이를 즐기고 있다. 구미 각국에서 미국은 포켓 경기와 쿠션 경기, 영국 프랑스에서는 보크라인 경기와 쿠션 경기가 성행하고 있다. 이것은 어느 정도까지는 누구든지 숙달하는 4구 경기보다 어려운 경기가 아니면 승부가 재미없다는 이유에서이다.
　그러나 바꾸어서 생각하면 4구 경기야말로 모든 당구 경기의 입문에 가장 어울리는 경기라고 말할 수 있을 것이다. 4구 경기에는 당구의 모든 종목의 기본이 포함되어 있다. 얼핏 생각하기에 단조롭게 여겨질 런지는 모르겠지만 경기 내용은 그렇지만도 않다. 도처에 고도의 테크닉을 요하는 경우가 종종 있다.
　그러므로 4구 경기로 당구의 기초가 되는 기법을 착실하게 익힌 다음 보다 어려운 고도의 경기에 도전하는 바란다.

채점 방법

자기의 공(수구라고 말하고 흰 공의 한 쪽)을 큐로 쳐서 그 수구를 적구(나머지 흰 공과 2개의 빨간 공) 2개 이상에 맞히면 1점의 득점이 된다.

치기에 실수할 때까지 연속하여 칠 수 있다. 그래서 각자의 지점에 빨리 도달한 쪽이 이긴다(무승부는 뒤에 설명).

연속하여 시합을 하여 승패를 정할 때에는 한 시합에 이긴 쪽이 2점, 무승부 1점의 승점제로 전 경기가 끝났을 때에 승점의 총득점으로 승패를 정한다.

이전에는 수구가 빨간 공 흰 공, 흰 공 빨간 공으로 맞히는 경우는 2점. 빨간 공 빨간 공은 3점. 세공을 전부 맞히면 5점으로 채점했으나 현재는 이런 우연의 득점을 줄인 새로운 룰을 채택하고 있다.

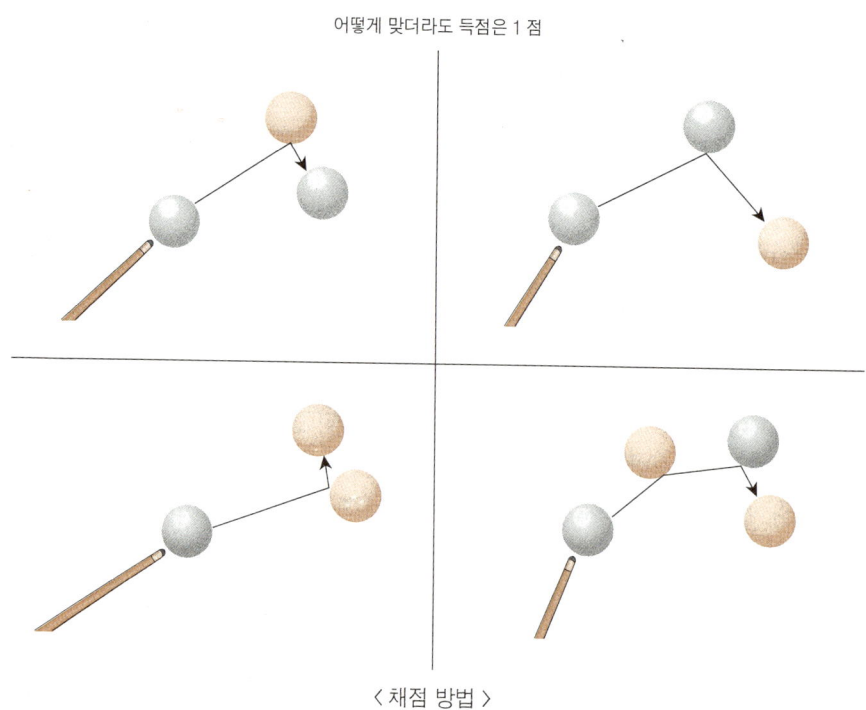

〈 채점 방법 〉

지점

초심자나 상급자간에 공평한 조건 아래 승부를 할 수 있는 것이 당구의 지점 제도이다. 골프의 핸디와 마찬가지 시스템이다.

공식전에서는 각 클래스별로 지점(시합점수)이 정해져 있어서 클래스별로 시합을 한다. 그러나, 일반 경기에는 경기개시 전에 각자의 지점을 공개하도록 되어 있다.

지점이란 일반적으로 평균하여 5이닝(이닝이란 한 사람이 교대하기까지의 사이를 말한다)이나 6이닝으로 득점할 수 있는 각자의 점수를 말한다. 서로 상대의 실력을 모르는 사람끼리 싸울 경우 부당하게 지점을 낮게 상대방에게 말하면 당연히 승부에서 이기게 된다. 그러나 승부에 이겼다고 하더라도 경기의 룰을 위반한 승리가 무슨 의미가 있겠는가.

당구는 서로의 신뢰 위에 성립하는 신사적인 경기이다. 정직하게 지점을 알리는 매너는 꼭 지켜주기 바란다.

	E급	D급		C급		B급		A급		챔피언급				
공식 전의 시합점수	15	25~30		40~50		70		100		200				
4구 경기 지점	5	8	10	12	15	20	25	30	35	50	65	80	100	140	200	240	280	320	400
1이닝 득점	1	2	2	3	4	5	6	7	8	12	16	20	25	35	50	60	70	80	130

경기횟수	대전자명 지점	지점	이닝수	하이런	득점수
1시합					
2시합					
3시합					
4시합					
5시합					
6시합					
7시합					
8시합					
총계					

뱅킹

경기에 들어가기 전에 먼저 대전자 와의 치는 순번을 정한다. 보통은 가위 바위 보를 하여 이긴 쪽이 선공, 진 쪽이 후공이 된다.

그러나 정식 룰에서는 뱅킹이라고 부르는 방법으로 선공, 후공, 수구를 결정한다. 뱅킹의 방법은 대전자 끼리 당구대의 짧은 쪽에 나란히 서서 그림과 같이 건너편 쪽의 짧은 쿠션을 향하여 제2포인트에서 흰 공을 쳐내 공이 짧은 쿠션에 보다 가깝게 정지한 쪽(짧은 쿠션에 부딪쳐도 상관없다)이 승자가 되어 선공, 후공을 선택하는 권리를 얻는다. 만약 쌍방의 공이 꼭 같은 거리에 정지하였을 경우에는 다시 한 번 뱅킹을 한다.

또 선공자는 검은 점이 붙은 흰 공(블랙 볼)을, 후공자는 표시가 없는 흰 공을 수공으로 한다고 정해져 있다.

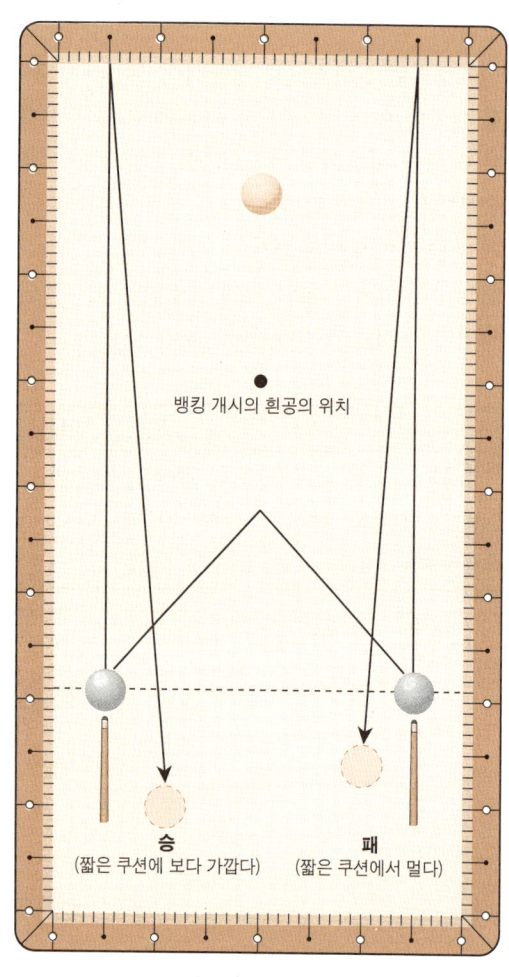

〈 4구 경기의 뱅킹 〉

서브

선공과 후공이 정해지면 서브에 의해서 경기를 개시한다.

서브를 하는 방법은 그림에서 보는 바와 같이 긴 쿠션의 제1포인트를 연결하는 중앙에 수구를 놓고 제2포인트와 제6포인트의 각각 중앙에 빨간 공, 제7포인트에 상대의 수구를 놓는다. 선공자는 그 배치상태에서 수구를 쳐 적구의 2개 이상에 수구를 맞추어야 한다.

만약 수구가 2개 이상의 적구에 맞으면 그대로 경기를 속행하는 권리를 얻게 된다. 그러나 맞지 않았을 경우에는 상대와 교대하게 된다.

공식전에서는 서브공을 배치하는 것은 모두 레프리(심판원)가 한다. 어떤 경우에도 경기가 개시되면 4개의 공에 큐 이외의 것이 닿는 것은 반칙이다. 손은 물론 옷의 일부가 닿더라도 『공터치』라는 반칙을 받게 되어 대전 상대방과 교대하여야 한다.

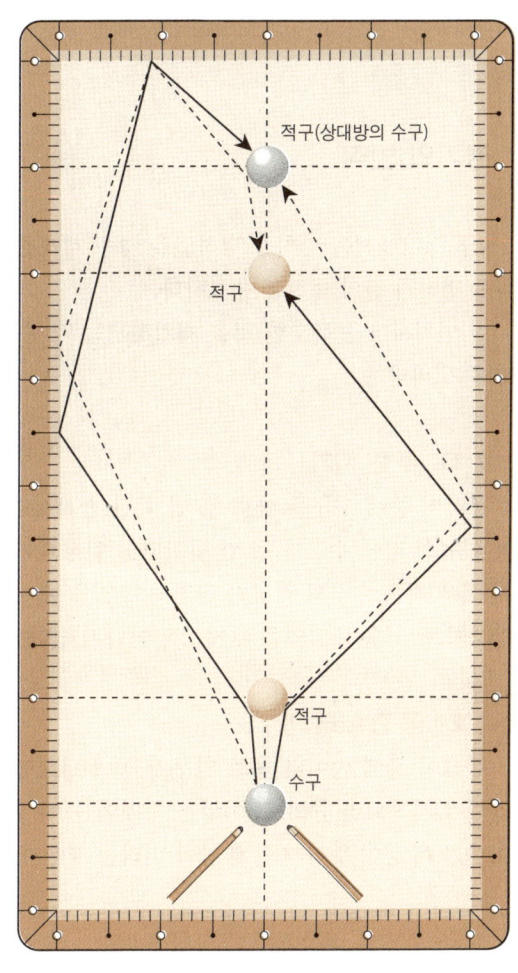

〈 4구 경기의 서브 〉

경기

경기가 개시되면 치는 것을 실수하거나 반칙을 범할 때까지는 몇 번이고 계속칠 수 있다. 치는 것을 실수하거나 반칙이 있으면 상대방과 교대한다. 선공이 자기 지점을 다 쳐버렸을 때는 후공과 교대한다. 후공은 공을 다시 서브 상태로 배치하고 서브부터 시작하여 지점을 다 치면 무승부, 다 치지 못할 경우에는 선공의 승이 된다.
후공이 지점까지 빨리 도달하였을 때는 후공의 승이다.

경기의 반칙

4구 경기에서는 반칙을 범하였을 경우 계속칠 수 있는 권리를 잃는다. 그러나 반칙을 범하기 전의 득점은 유효하다.
이 반칙사항은 특수한 것을 제외하고는 각 종목에 공통으로 적용되므로 꼭 기억해 주기 바란다.

| 1 | 두 번 치기

플레이 중에 수구를 큐로 두 번 치면 반칙이 된다. 비록 무의식중에 했다고 하더라도 큐의 팁에 수구가 두 번 맞았다고 인정되면 반칙이 된다. 두 번 치기가 일어나기 쉬운 것은 수구와 적구가 근접하고 있을 때이다. 또 샷을 할 때 적구의 위치보다 앞까지 큐 끝을 내밀었을 때에도 일어나기 쉽다.

| 2 | 공 접촉(터치)

플레이 중에 손이나 옷의 일부가 공에 닿으면 공 접촉이라고 하여 반칙이 된다. 경기가 시작되면 큐의 팁 이외는 무엇이 공에 닿아도 반칙을 받게 된다. 특히 넥타이나 소매 등이 뜻하지 않게 닿아 버리는 경우가 자주 있으므로 주의하여야 한다.

| 3 | 양발을 바닥에서 떼고 쳤을 때

샷을 할 때에는 반드시 어느 한 쪽의 발을 바닥에 붙이고 있지 않으면 안 된다. 어려운 위치라고 하여 양발을 바닥에서 떼고 구대에 몸을 의지하여 샷을 하는 것은 반칙이다.

| 4 | 조언을 받고 쳤을 때

초심자의 경우 조언을 받고 연습하는 편이 숙달되지만 공식전에서는 반칙이 된다.

| 5 | 공 착각

상대의 수구와 자기의 수구를 착각하여 치는 것을 공 착각이라고 말하고 반칙이 된다. 흰 공에는 검은 점의 표시가 붙은 공과 아무것도 붙어 있지 않는 공이 있어 식별할 수 있도록 되어 있으므로 주의하기 바란다.

| 6 | 공이 구대 밖으로 튀어 나갔을 때

공을 쳐서 어느 공이든 구대 밖으로 튀어나가 버린 경우에는 반칙이 된다. 4구 경기의 경우 어느 공이 몇 개 튀어 나갔더라도 공을 서브의 상태로 배치하고 교대한 경기자의 플레이로 다시 시작한다. 그러나 정상적으로 친 공이 어찌된 일인지 구대 밖으로 나와 구대의 바깥 테에 맞고 다시 구대 안으로 되돌아왔을 경우에는 유효가 되어 그대로 경기를 속행할 수 있다.

| 7 | 표적을 놓는다

표적을 구대에 놓고 플레이를 하면 반칙이 된다. 당구대에는 공의 거리나 입사각, 반사각을 계산하기 쉽도록 다이아몬드형 또는 둥근형의 포인트가 부착되어 있다. 그 이외 어떤 것이라도 표적으로 놓아서는 안 된다.

| 8 | 공이 정지하기 전에 쳤을 때

수구나 적구가 아직 움직이고 있는데 플레이를 하면 반칙이다. 완전하게 모든 공이 정지하는 것을 기다려서 치기 바란다.

| 9 | 수구에 프로즌(밀착) 되어 있는 적구를 쳤을 때

프로즌(밀착)이란 공과 공이 밀착하고 있는 상태를 말한다. 수구와 적구가 프로즌하고 있을 때에는 반드시 서브의 위치에 공을 배치하여 플레이를 재개한다.

| 10 | 쿠션 프로즌의 수구를 쿠션을 향하여 쳤을 때

쿠션에 공이 접촉한 상태를 쿠션·프로즌이라고 말한다. 수구가 쿠션·프로즌의 상태일 때 그 접한 쿠션을 향하여 수구를 치는 것은 반칙이 된다.

| 11 | 미스 점프

수구를 칠 때 타구법이 나쁘든지 실수하여 공의 끝에 맞든지 하여 공을 점프하거나 옆으로 크게 빗나가면 반칙이 된다. 팁에 초크를 듬뿍 칠하고 올바른 폼으로 플레이를 하도록 유의하기 바란다.

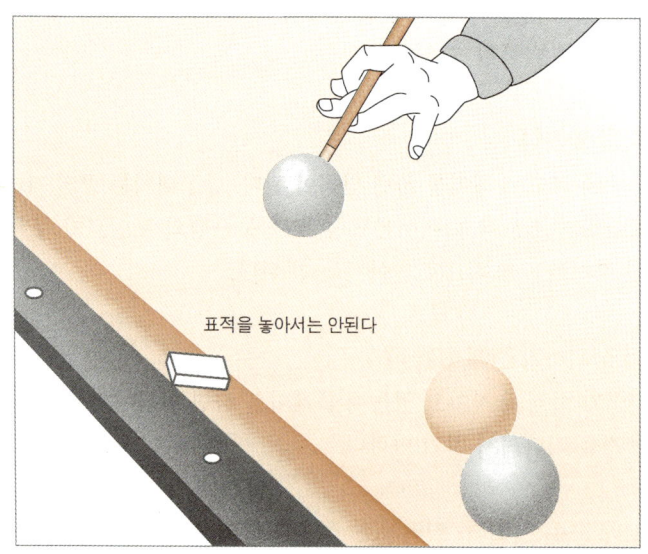

표적을 놓아서는 안된다

코너의 제한구역

당구대의 각 코너에서 178mm의 점을 연결하여 생기는 삼각형의 부분은 제한구역으로 되어 있다.
이 제한구역 안에 적구가 2개 또는 3개가 모였을 경우, 한 번밖에 칠 수 없다. 그런데도 거기에 적구가 남는 경우에는 치는 사람을 교대하여야 한다.
따라서 제한구역에 적구가 모였을 경우 경기자는 적구를 제한구역 밖으로 내도록 하는 타구 법을 할 필요가 있다. 이전에는 이러한 적구의 상태를 『만년구』라고 하여 3번까지 치는 것을 허용하여 왔다.
그러나 간단하게 점수를 얻는 것을 피하기 위해 한 번만으로 제한된 것이다.

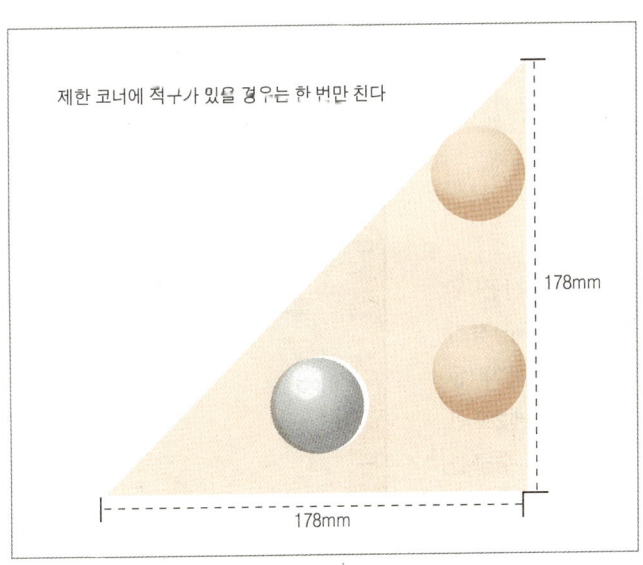

〈 제한 코너 〉

○ 3구 경기

3구 경기는 흰 공 2개와 빨간 공 1개를 사용하여 하는 경기이다. 룰은 4구 경기의 경기법과 거의 같다. 적구가 2개뿐이므로 4구 경기와 비교하면 상당히 어려운 경기이다. 대체로 4구 경기를 완전히 마스터한 사람이 4구 경기에 익숙해져 버리면 변화를 구해서 한다.

또 4구 경기에서는 고득점을 올리기 위해 4구를 모아서 (모아치기라고 말한다) 꾸준히 득점하는 것이 상급자가 되지만 이 모아치기를 기피하는 사람이 3구 경기를 즐기는 것 같다.

공이 3개뿐이므로 단순히 맞히기만 해도 상당한 계산이 필요하게 되어 당구 경기로서는 통쾌한 것이 된다.

뱅킹의 방법

뱅킹의 하는 방법, 선공 후 공을 정하는 방법은 4구 경기와 같고 대전하는 양자가 동시에 한다. 긴 쿠션의 제2포인트를 연결하는 선상에 수구를 놓고 뱅킹을 한다.

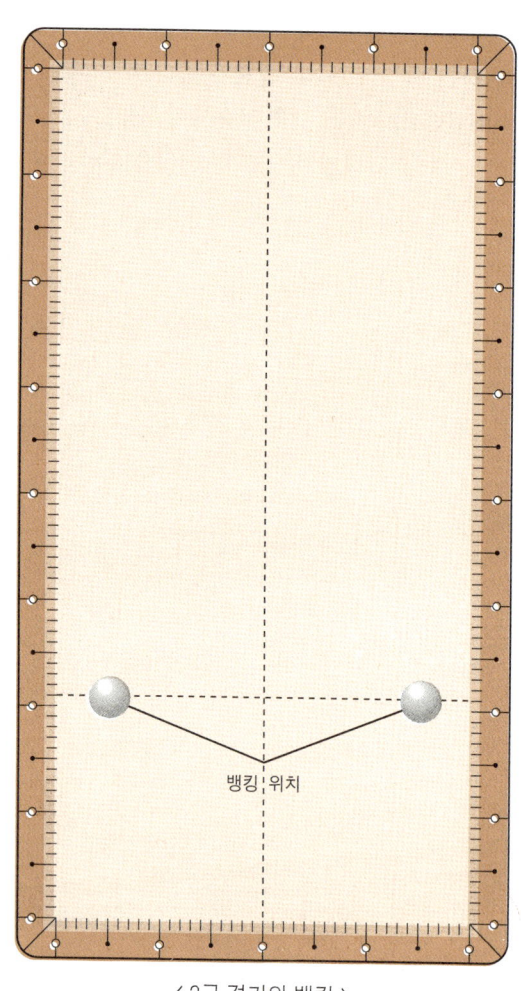

〈 3구 경기의 뱅킹 〉

서브의 방법

긴 쿠션의 제2포인트를 연결하는 선의 중앙에 흰 공, 마찬가지로 제6포인트의 중앙에 빨간 공을 놓는다. 흰 공을 중심으로 하여 반경 6인치(152.4mm)의 원을 그리고 자기 앞쪽의 반원 부분의 어느 곳 엔가에 수구를 놓고 빨간 공부터 맞추어 간다.

이 서브로 빨간 공과 흰 공 2개의 적구에 맞으면 계속칠 수 있는 권리가 주어진다.

채점 방법

채점은 빨간 공 흰 공, 흰 공 빨간 공으로 어느 쪽을 맞아도 1점이다. 이 밖의 경기의 반칙이나 승패를 정하는 방법은 4구 경기와 같다.

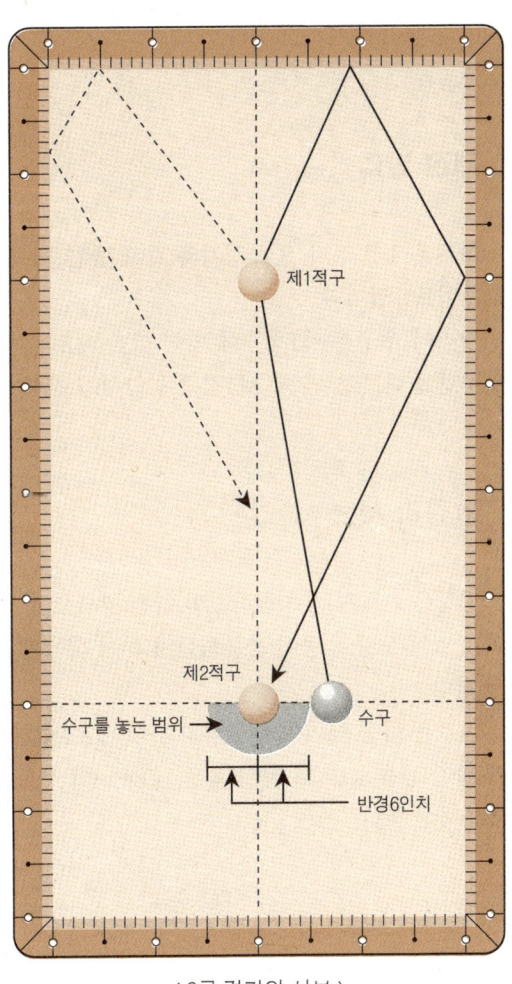

〈 3구 경기의 서브 〉

○ 스리 쿠션 경기

흰 공 2개와 빨간 공 1개를 사용하여 한다. 수구를 제1의 적구에서 제2의 적구에 맞히는 동안에 최저 3회 이상 쿠션을 넣지 않으면 득점할 수 없다. 그러므로 매우 고도의 테크닉을 구사하는 경기이다.

구대 가득히 달리는 스피드 감이나 세계 선수권대회가 개최되는 국제성도 있어 해마다 팬이 증가하고 있다.

채점 방법

득점은 4구 경기, 3구 경기와 같고 빨간 공→흰 공, 흰 공→빨간 공의 어느 것을 맞추어도 1점이다.

그러나 수구를 제1적구에 맞힌 다음 제2적구에 맞힐 동안에 3회 이상 쿠션을 넣어야만 한다. 또 수구를 제1적구에 맞히기 전에 넣은 쿠션 수도 유효 간주 한다.

뱅킹과 서브

뱅킹은 4구 경기, 3구 경기와 같은 방법으로 선공 후공을 정한다. 뱅킹한 공이 달리고 있는 도중에 공이 충돌하든지 쳐서 되돌아온 공이 같은 위치일 때에는 다시 한 번 한다.

서브는 다음 페이지의 그림과 같이 제2포인트의 중앙에 흰 공, 제7포인트의 중앙에 빨간 공을 놓고 흰 공의 좌우 178mm의 선상에 수구를 놓고 반드시 빨간 공부터 맞추어야 한다.

지점 · 반칙 · 승부를 정하는 방법

반칙은 4구 경기의 반칙과 거의 같다. 다만 공이 바깥으로 튀어 나갔을 경우나 프로즌 한 경우에는 정해진 위치에 공을 갖다 놓고 시합을 계속할 수 있다.

동수 이닝으로 승부를 하여 빨리 지점에 도달한 쪽이 승이다. 복수시합의 경우 승자 2점, 무승부 1점, 패자 0점을 합계한 총계로 승부를 정한다.

승점수가 양자 같을 경우에는

① 1이닝 당 맞힘의 평균 득점 율
② 총득점
③ 최고 연속 득점
④ 이긴 경기의 최소 이닝 수

등을 기준으로 하여 승패를 정한다.

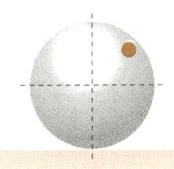

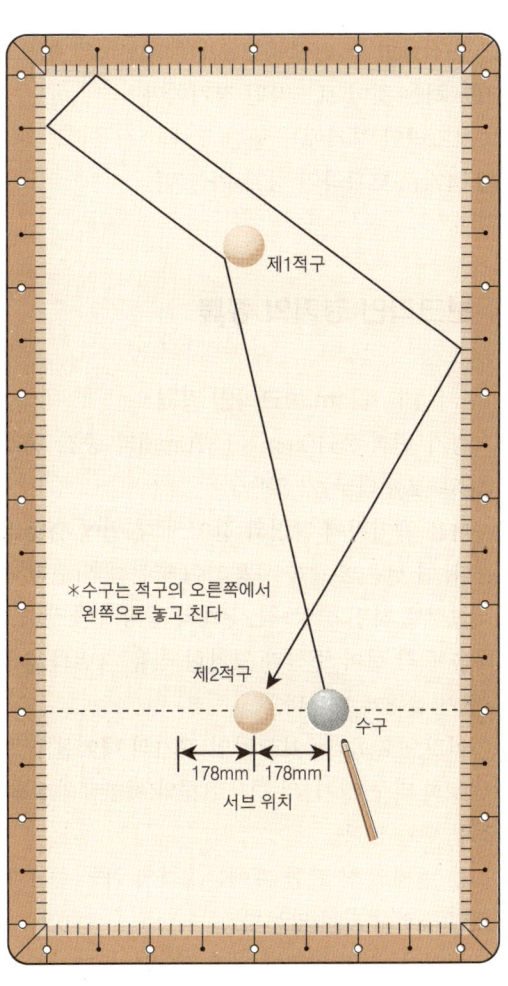

〈 스리쿠션의 서브 〉

○ 보크라인 경기

4구 경기나 3구 경기는 경기자의 기술이 숙달해지면 세리 타구 등으로 무제한으로 득점을 쌓아올리는 것이 가능해진다.

그래서 경기를 보다 스릴 있게 하기 위해서 구대에 초크로 제한 테를 지정하면 1샷마다 2개의 적구 중 한 개를 제한구역 밖으로 내보낸다든지 제한구역 안에서 한 번 득점하면 두 번째에는 1개를 제한구역 밖으로 내보내야 한다는 등의 룰 아래 경기를 하는 것이 보크라인 경기이다.

보크라인 경기에는 중간 구대를 사용하는 『42cm 보크라인』과 큰 구대를 사용하는 『47cm 보크라인 경기』가 있다.

보크라인 경기의 종류

| 1 | 42cm 보크라인 경기

경기 면적 2540mm×1270mm의 중간 구대를 사용해서 하는 경기로 『1회 타구』와 『2회 타구』가 있다.

다음 페이지에 그림과 같이 구대 위에 평행되게 423.3mm마다에 4개의 선을 긋는다. 이 선은 초크를 사용하여 긋는데 되도록 가느다란 선으로 표시한다.

그렇게 하면 중앙에는 3개의 장방형이 생기고 주위에는 6개의 정방형이 생긴다. 다음에 각 선이 쿠션과 교차한 점을 저변의 중앙 점으로 하는 178mm 각의 정방형(앵커)을 8개 그린다.

이것으로 42cm 보크라인 경기의 테이블이 완성된다.

『2회 타구 경기』의 경우 8개의 제한테와 2개의 앵커 안에서는 계속하여 두 번 득점할 수가 없다.

두 번째의 샷을 할 때에는 2개의 적구 중 1개 또는 2개를 테 밖으로 내보내지 않으면 득점이 되지 않는다.

그러나 한 번 바깥에 나온 적구가 또다시 테두리 안으로 들어왔을 경우는 유효가 되고 또 첫 번째부터 득점이 된다.

『1회 타구』는 보다 엄격하여 8개의 제한테와 8개의 앵커 안에서는 2개의 적구 중 1개 또는 2개 다 제한테의 바깥에 내보내지 않으면 득점이 안 된다. 그 경우는 무효점이 된다.

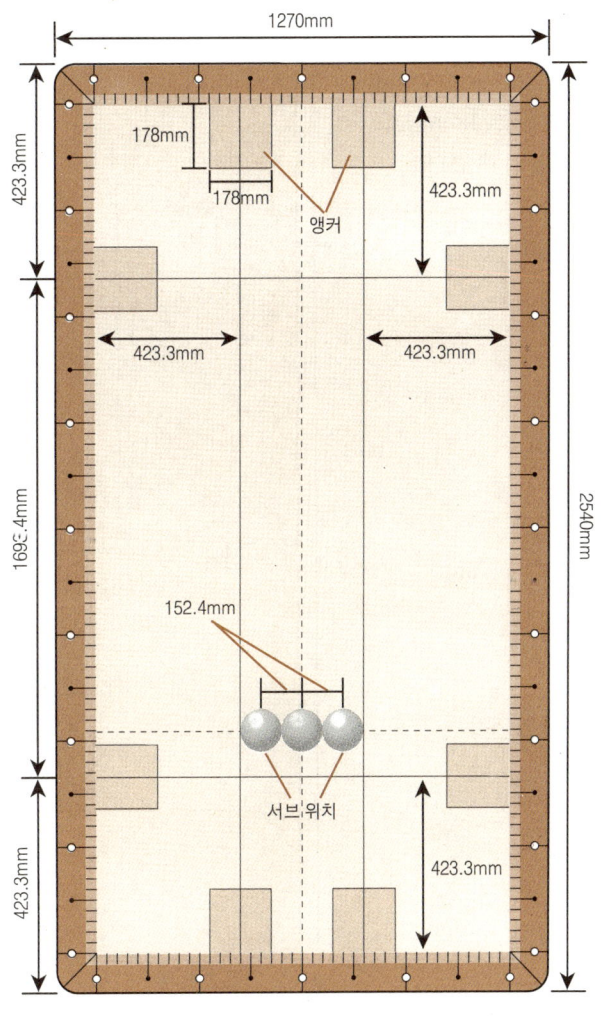

〈 42cm 보크라인 경기(중간 대) 〉

| 2 | 47cm 보크라인 경기

이 경기는 경기면적 1422.4mm×2844.8mm의 큰 구대를 사용하여 한다.

중간 구대를 사용하는 42cm 보크라인 경기와 마찬가지로 쿠션과 평행하여 474.1mm마다에 선을 긋고 8개의 제한테를 그린다. 앵커는 178mm각이다.

구대가 큰 만큼 제한테는 넓어지지만 경기 방법(1회 타구와 2회 타구) 등은 42cm 보크라인 경기와 같다.

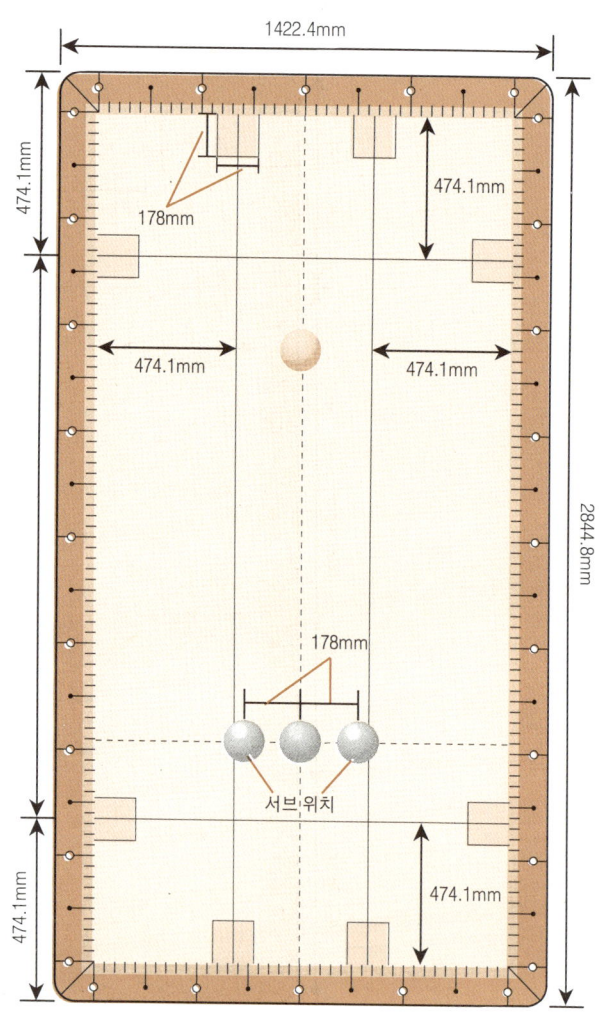

〈 47cm 보크라인 경기(큰 대) 〉

| 3 | **71cm 보크라인 경기**

이것도 큰 구대를 사용하여 한다. 47cm 보크라인 경기와는 제한테의 설정이 다르다. 쿠션에 평행하여 711.2mm 떨어진 곳에 선을 3개 긋는다. 그렇게 하면 중앙에 2개의 장방형 양쪽에 4개의 정방형의 제한테가 생긴다.

경기의 종류는 1회 타구는 없고 모두 2회 타구이다.

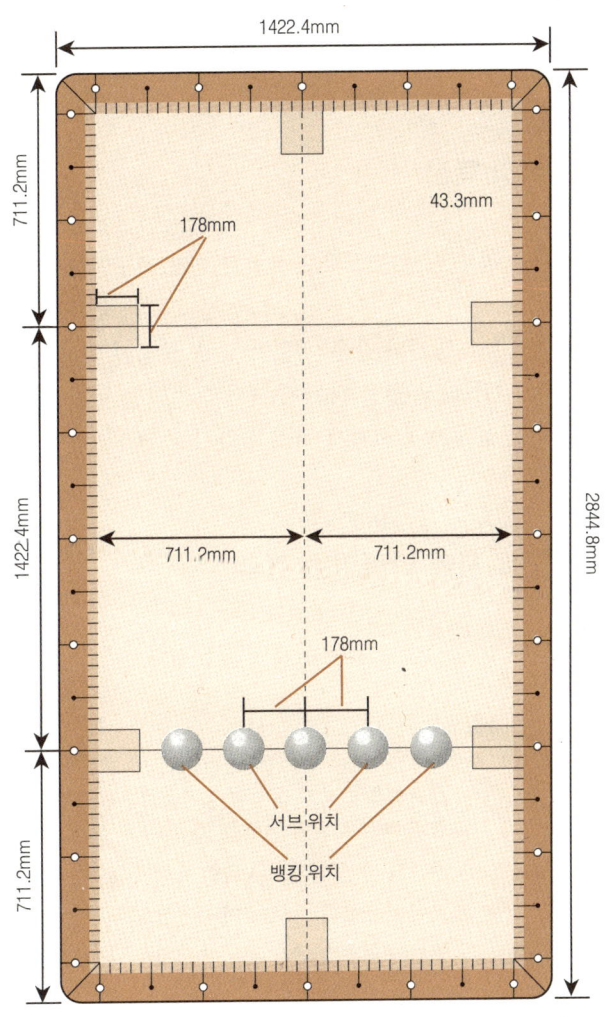

〈 71cm 보크라인 경기(큰 대) 〉

뱅킹과 서브

뱅킹의 위치는 제2포인트의 쿠션에 가깝게 수구를 놓고 한다. 선공 후공의 정하는 방법은 4구 경기와 마찬가지이다.

서브를 빨간 공부터 맞히고 다음에 제2포인트의 중앙에 놓인 흰 공에 맞히면 1점이 되며 경기를 계속할 수 있다.

반칙과 득점

시합을 동수 이닝으로 하고 제한한 대로 적구 2개에 수구를 맞히면 1점의 득점을 얻는다.

반칙은 4구 경기와 같은 내용이다. 또 득점할 의사가 없고 상대방의 득점을 방해하는 것 같은 타구 법을 하든지 고의로 반칙을 범한 경우는 반칙패가 된다. 그러므로 매너를 올바르게 지켜서 경기를 하기 바란다.

초구 위치에 되돌리는 경우

다음과 같은 때에는 초구 위치에 되돌린다.

* 제3자가 공에 접촉해 버려서 본래대로 되돌릴 수 없게 된 경우
* 객관적으로 보아 득점이 불가능하다고 인정하는 것 같은 공의 배치로 되어 버렸을 경우
* 수구가 완전히 프로즌 하여 득점이 불가능해졌을 경우
* 공이 테이블 밖으로 튀어 나갔을 경우
* 스리 쿠션 경기에서 소정의 위치

○ 프리 경기

프리 경기는 흰 공 2개와 빨간 공 1개를 사용하여 큰 구대 또는 중간 구대의 코너에 제한 코너를 설정하여 하는 경기이다.

큰 구대의 경우는 긴 쿠션 측을 711.2mm, 짧은 쿠션 측은 355.6mm의 점을 연결한 삼각형의 부분이 제한 코너가 된다. 중간 구대의 경우는 이것이 긴 쿠션 측 635mm, 짧은 쿠션 측 317.5mm가 된다. 이 선은 초크를 사용하여 그린다.

경기 내용은 보크라인 경기와 비슷하다. 또 제한구역이 비교적 공을 치기 쉬운 코너 부분에 한정되어 있으므로 보크라인 경기보다 득점을 하기 쉬운 경기이다. 뱅킹, 서브도 보크라인 경기와 마찬가지로 한다. 득점도 똑같이 1점이다.

이 경기에서는 코너에 설정된 제한구역 내에서 두 번 계속하여 득점할 수 없다. 따라서 제한구역 내에서 한 번 득점하면 두 번째의 샷에서는 적구 2개 중 1개 또는 2개를 제한구역 밖으로 내보내지 않으면 득점이 되지 않는다.

그러나 한 번 제한구역 밖으로 나간 적구가 튀어서 다시 본래의 제한구역에 들어왔을 경우에는 계속해서 득점을 할 수 있게 규정하고 있다.

반칙 등의 경기규정은 4구 경기나 3구 경기와 거의 같다. 프리 경기에서도 수구를 프로즌 하였을 경우에는 반드시 초구위치를 되돌려서 쳐야 한다. 승부를 1시합 승자 2섬, 무승부 1점, 패자 0점의 합게 전으로 다투게 된다. 동점의 경우는 보크라인 경기에 준하여 승패를 결정한다.

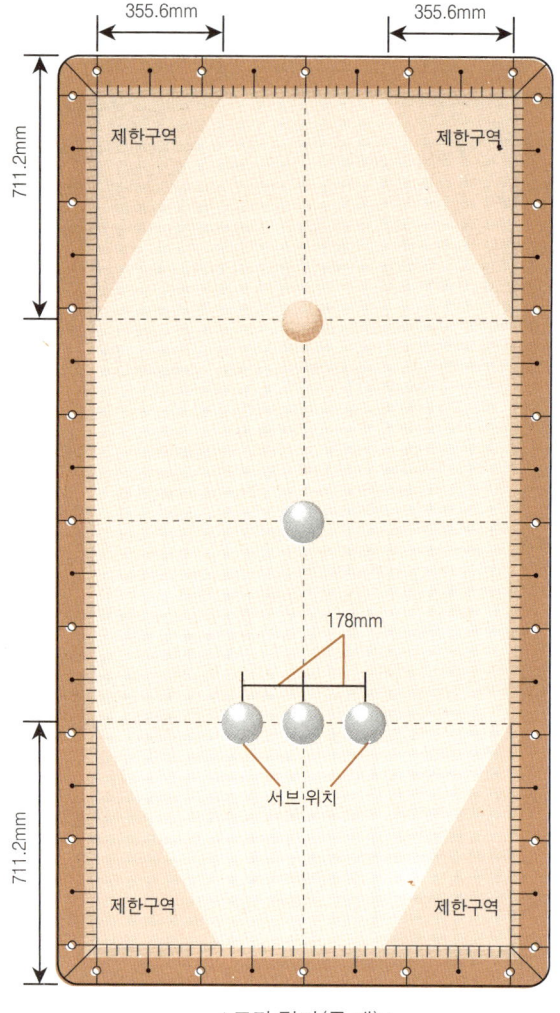

< 프리 경기(큰 대) >

포켓 경기

포켓 경기는 테이블의 4구석과 긴 쿠션의 중앙부에 모두 6개의 포켓이 있는 구대를 사용하여 수구(흰 공) 1개와 ①에서 ⑮까지 번호가 붙은 적구 15개를 맞추어 포켓에 떨어뜨려서 경기한다. 이는 미국이나 유럽에서 성행하고 있는 당구 경기이다. 포켓 경기에는 17종류에 달하는 경기가 있다. 그 중에서도 일반적으로 하고 있는 경기의 종류는 다음과 같다.

* 로테이션
* 8(에이트) 볼
* 9(나인) 볼
* 14-1(포틴 원) 래크
* 베이식
* 라인 업
* 골프 볼
* 원 포켓
* 스누가
* 포라드

일반적으로 로테이션 경기가 가장 널리 보급되고 있다. 미국에서는 포틴 원 경기가 주류를 이루고 있다.

○ 로테이션 경기

로테이션이란 『순번』이라는 뜻이다.
경기에 사용하는 포켓 대는 경기 면적이 2540mm×1270mm와 4구 경기의 중간 대와 같은 크기로 되어 있다.

포켓 대에는 4개의 코너에 직경 123.8mm~130mm의 포켓과 긴 쿠션의 중앙에 직경 136.5mm~142.8mm의 포켓이 부착되어 있다. 공은 캐롬 경기보다도 작아서 직경 57.2mm(4구 경기에서는 61.5mm)이다.

뱅킹과 서브

치는 순번은 4구 경기와 마찬가지로 뱅킹으로 결정한다. 구대의 제2포인트의 선상에서 건너편 쪽의 짧은 쿠션을 향하여 공을 쳐서 보다 자기 앞쪽까지 가깝게 다가온 쪽에 선공, 후공의 선택권을 준다.

서브는 긴 쿠션의 제2포인트를 연결한 라인(헤드라인이라고 부른다)의 자기 앞쪽 부분이면 어디에나 수구를 놓고 서브를 할 수 있다.

이 서브로는 래크된 적구 중에서 반드시 ①번부터 맞혀 나가야 한다.

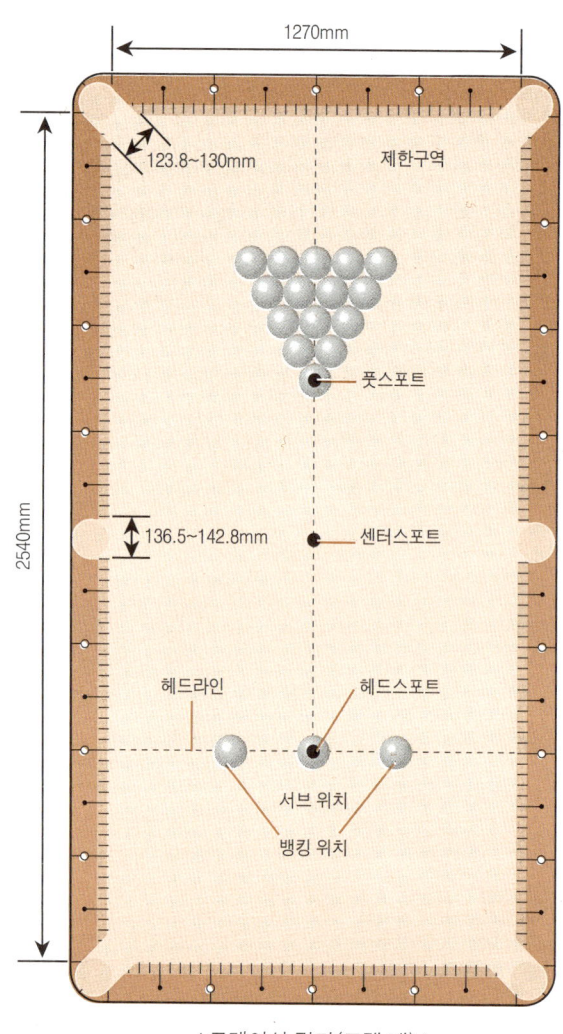

〈 로테이션 경기(포켓 대) 〉

래크

래크란 경기 개시에 있어서 적구를 배치하는 방법이다. 정3각형의 나무틀을 사용하여 세트하지만 로테이션 경기에서는 아래 그림과 같이 ①을 정점으로 하여 2줄 째에 ⑦⑧, 3줄 째에 ⑪⑬⑫⑨⑭⑮⑩, 5줄 째에 ②④⑤⑥③의 순으로 나란히 세운다.

①번 공은 풋 스포트의 위에 놓는다

〈 로테이션 경기의 적구 배치 〉

룰

로테이션 경기에서는 반드시 수구를 당구대 위에 있는 적구 중 가장 번호가 낮은 적구에 맞추어야 한다. 즉, 서브로는 ①을 맞추고 그 ①이 포켓에 들어가면 다음은 ②를 맞춘다. 이 경우, 예를 들어 ①의 적구를 맞히고 다른 적구가 포켓에 들어가도 득점이 된다. 또 다음과 같은 경우에는 치는 사람을 교대하여야 한다.

* 수구가 포켓에 떨어져 버렸을 때(이것을 스크래치라고 말한다)
* 수구가 처음 최소 번호의 적구에 맞지 않았을 경우
* 수구가 최소번호의 적구와 다른 공에 동시에 맞았을 경우
* 공 터치를 하였을 때
* 수구를 두 번 쳤을 때

> * 공이 점프하여 쿠션 위에 정지하였을 때
> * 양발을 바닥에서 떼고 쳤을 때
> * 공이 테이블 밖으로 튀어 나갔을 때

교대한 플레이어는 다음 세 가지 중 어느 하나를 선택할 수 있다.

> ① 그대로의 상태에서 경기를 지속한다.
> ② 적구를 센터 스포트에서 풋 스포트로 이동한다.
> ③ 수구를 헤드라인의 안쪽으로 이동(적구가 헤드라인의 안쪽에 있을 때에 적구를 센터 스포트에서 풋 스포트로 이동)한다.

스크래치와 수구가 테이블 밖으로 튀어 나갔을 때에는 ②와 ③을 동시에 선택할 수 있다.

지점과 채점법

로테이션 경기의 득점은 적구의 번호를 가산하여 한다. 따라서 ①번의 적구부터 ⑮번까지를 모두 포켓에 넣으면 120점(이것을 1매스라고 말한다)이 된다.

승부는 서로 지점을 공개하여 지점에 빨리 도달하는 쪽이 이기게 된다. 2매스 이상이 되는 지점의 시합에서는 구대 위에 최후의 적구가 포켓하였을 때 수구가 헤드라인 안에 정지하지 않으면 시합을 속행할 수 없고 치는 사람을 교대한다.

○ 14-1 래크경기

포틴 원 경기는 미국에서 가장 인기 있는 당구 경기이다. 이 경기는 수구 외에 ①번에서 ⑮번까지의 적구를 사용하여 한다.

원칙적으로 개인 대 개인의 시합이지만 페어끼리나 팀 단위의 시합도 즐길 수 있다.

래크의 방법

14-1 래크 경기는 로테이션 경기와 다른 래크로 한다. 풋 스포트 위의 삼각형의 정점에 ⑮의 적구를 놓고 치는 사람에서 보아 왼쪽 구석에 ①번, 오른쪽 구석에 ⑤번을 놓는다. 나머지는 자유롭게 놓을 수 있다.

플레이크 샷

로테이션과 마찬가지로 뱅킹에 의해서 이긴 쪽이 선공 후공을 결정하는 권리를 갖는다.

이때 경기자는 반드시 자기가 겨냥하고 있는 적구의 번호와 떨어뜨리는 포켓을 지정해야 한다. 이것을 콜 샷이라고 말한다. 그리고 콜 샷으로 선언한 공을 포켓에 넣으면 계속하여 경기할 수 있다. 보통 플레이크 샷(초구)에서 콜한 공이 지정한 포켓에 들어

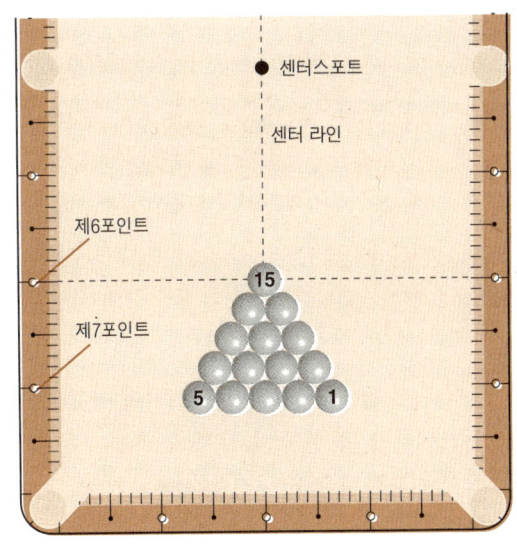

〈 14-1 래크의 래크 〉

가는 경우는 거의 없어 상당히 낮은 확률이다. 따라서 뱅킹의 승자는 후공을 지정하는 경우가 많다.

이 경기에서는 세이프티 플레이라고 하여 자기의 득점을 희생해서 상대가 어려움을 겪는 위치에 수구를 쳐서 이동시킬 수가 있다. 당연한 일이지만 처음에 샷 하는 사람은 득점을 포기하고 세이프티 플레이를 하게 되는데 이 경우에는 먼저 레프리가 대전자에게 『세이프티』라고 선언하여야 한다.

세이프티 선언을 하고 플레이크를 할 때에는 적구에 수구를 맞히고 적구 2개 이상을 쿠션에 넣거나 포켓 해야 한다.

득점과 감점

콜 한 적구를 지정한 포켓에 넣으면 1점이 주어진다. 또 콜 한 공과 동시에 다른 적구가 포켓에 들어간 경우도 구당 1점이 첨가된다. 다음과 같은 파울을 범하면 감점된다.

> * 플레이크 뒤에는 적구 1개 이상에 수구를 맞추어 적구를 쿠션 시키든지, 혹은 수구를 적구에 맞추고 그 수구가 쿠션에 들어가지 않으면 파울이 되어 1점 감점에 경기자를 교대하여야 한다.
> * 공 터치를 한 경우도 1점 감점에 교대되지만 교대한 경기자는 그대로 인계받을 것인가 그 이전의 상태로 인계받을 것인가를 선택한다.
> * 양발을 바닥에서 떼어 샷 하면 1점이 감점된다.
> * 수구가 점프하여 테이블 밖으로 튀어 나갔을 때는 교대하고 1점이 감점된다.

그러나 콜 한 적구가 바깥으로 튀어 나갔을 경우 감점은 되지 않고 교대만 한다. 또 플레이어가 콜 한 공을 포켓에 넣고 다른 적구가 튀어 나갔을 경우는 튀어나간 공을 풋 스포트에 놓고 경기를 계속할 수 있다.

세이프티

앞에서 설명한 바와 같이 이 경기에서는 세이프티가 인정되고 있다. 세이프티를 어떻게 유효하게 사용하느냐에 따라 승패가 결정되는 경기라고 하여도 과언은 아니다.

세이프티를 선언한 경우, 적구를 쿠션에 넣는가, 적구를 포켓하든가, 수구를 적구에 맞힌 후 한 번은 쿠션에 넣는가 하는 어느 하나를 하지 않으면 파울이 되어 1점 감점에 교대를 하여야 한다. 사전에 세이프티 선언을 하지 않으면 반칙이 된다.

3회 연속 감점을 당했을 경우

파울 등으로 감점을 당하는 것을 스크래치라고 말한다. 3회 연속 스크래치를 하면 3점의 감점 이외에 15점의 감점이 추가 된다.

또 3회 연속의 스크래치를 하면 수구를 원래의 헤드라인에 되돌려서 적구를 전부 러크하여 상대방이 원하면 플레이크를 다시 해야 한다.

승패를 정하는 방법

14-1 래크 경기에는 이 밖에 여러 가지 세부적인 규정이 있으므로 룰 북을 참조하기 바란다. 적구 전부가 포켓에 들어가면 또다시 정 위치에 공을 러크하여 시합이 계속된다.

세계 선수권 등의 공식전에서는 일정한 경기 점을 정해놓고 빨리 그 점수에 도달한 쪽이 이긴다.

공식전에서는 레프리의 권한이 강해서 비신사적인 플레이를 했다고 인정될 때에는 15점 감점하는 경우도 있다.

○ 에이트 볼 경기

포켓 경기 중에서 비교적 쉬운 경기이므로 최근 인기를 끌고 있는 경기이다.

①번에서 ⑮번까지의 적구와 1개의 수구를 사용하여 한다. ①번에서 ⑦번까지를 로 넘버 볼, ⑨번에서 ⑮번까지의 적구를 하이 넘버 볼이라고 부른다.

플레이크(서브) 때 포켓에 떨어진 공이 로 넘버 볼이면 그 선공 자는 로 넘버의 공만을 겨냥하여 포켓에 떨어뜨려 나간다. 그 경우 당연히 후공의 경기자는 하이 넘버의 공을 떨어뜨린다.

만약 플레이크 때 하이와 로의 두 종류가 함께 포켓에 들어간 경우에는 어느 쪽을 선택하여도 무방하다.

차례차례로 자기의 공을 포켓에 떨어뜨려서 마지막에 ⑧번 공을 포켓에 넣는 쪽이 이긴다.

마지막의 ⑧번에 한해서는 포켓을 지정해야 한다. 다른 공을 전부 떨어뜨리기 전에 ⑧번을 포켓에 넣어 버린 경우에는 실격이 되어 그 세트를 잃는다.

에이트 볼 경기는 경기 방법이 간단하므로 여러 가지 룰을 정해서 플레이하는 경우도 있다.

초심자가 포켓 경기의 테크닉을 배우는데 적합한 경기라고 말할 수 있다.

8번 공은 한가운데에 놓아야 하지만
다른 공은 어디에 놓아도 상관없다

〈 에이트 볼 경기의 래크 〉

○ 나인 볼 경기

최근에 이르러 인기를 끌고 있는 경기로 ①번에서 ⑨번까지의 적구와 수구 1개를 사용해서 하는 경기이다.

공식전은 아메리칸 룰로 하며 통상 나인 볼이라고 하여 아메리칸 룰을 말한다. 아메리칸 룰에서는 파울을 한 경우 수구는 프리가 된다.

경기는 ①번에서 ⑧번까지의 공을 숫자의 작은 순으로 떨어뜨려 나간다.

마지막에 ⑨번 공을 포켓에 떨어뜨린 쪽이 이긴다. 합법적으로 (예를 들면 최소 번호가 ③번이라고 하면 먼저 ③번에 수구를 맞히고 ③번이 ⑨번에 맞아 포켓에 들어가는 등) ⑨번 공을 포켓에 넣었을 경우도 유효하고 그 세트는 종료된다.

아메리칸 룰에서는 ⑨번 공을 합법적으로 떨어뜨렸을 경우 래크를 다시 한다.

경기는 통상 세트매치 방식으로 한다. 빨리 그 세트 수에 도달한 쪽이 이기게 된다. 나인 볼 경기는 공의 수가 적고 스피드 감이 있는 경기이므로 한 번 도전해 볼만 하다.

〈 나이볼 경기의 래크 〉

○ 포라드 경기

①번에서 ⑩번까지의 적구와 수구 1개로 하는 경기이다. 이 경기도 콜 샷으로 하고, 포켓 하는 공과 포켓을 지정하여 샷을 하여야 한다.

경기는 1프레임 2이닝제로 하고 10프레임까지 한다.

득점은 1개의 공을 1점으로 계산한다. 번호에 관계없이 어느 공부터 포켓 하여도 좋다.

득점의 계산 방법과 기입 방법은 볼링과 같다. 제1이닝에서 10개의 공을 모두 포켓하면 스트라이크가 되어 그 프레임의 득점은 10점이 되고 다음 이닝까지 득점이 가산된다.

제1이닝에서 남은 공을 제2이닝에서 모두 포켓을 하면 스페어가 되어 그 프레임의 득점은 10점이 되고 다음 1이닝까지의 득점이 가산된다.

①번 공은 풋 스포트의 위에 놓는다

〈 포라드 경기의 래크 〉

플레이크 샷과 제1, 제2이닝

이 경기는 콜 샷이므로 플레이크 샷은 특별 취급이 되고 있다. 먼저 플레이크 샷을 하여 어떤 공이 포켓 하였을 경우는 플레이크 샷을 제1이닝으로 하여 플레이를 진행시킨다.

플레이크 샷으로 공이 포켓하지 않으면 그 상태에서 제1이닝이 스타트한다.

플레이크 샷으로 스크래치나 공이 테이블 밖으로 나갔을 때는 제1이닝은 0점이 되고 그때 포켓 된 공은 풋 스포트에 되돌린 다음 수구를 헤드라인의 안쪽에 놓고 제2이닝을 스타트한다(단, 헤드라인 안의 공은 콜 할 수 없으므로 만약 공 전부가 라인 안에 있으면 그 라인에 가장 가까운 공을 풋 스포트에 이동하여 그 공을 콜 한다.)

제1이닝에서 모든 공을 포켓하지 못했을 때는 그 상태에서 제2이닝이 스타트한다. 제2이닝에서 공이 남았더라도 그 프레임은 종료되고 다시 10개의 공을 래크하여 다음 프레임에 들어간다.

포켓 경기의 파울 플레이

* 수구가 스크래치(포켓에 떨어진다)했을 때
* 공이 테이블 밖으로 튀어 나갔을 때

14-1경기의 경우는 수구만이 적용된다.

* 공이 쿠션 또는 레일 위에 정지했을 때
* 공 터치
* 플레이 할 때 바닥에서 양발을 떼었을 때
* 파울로 간주되는 푸시 샷
* 수구가 미스 점프했을 때
* 수구가 적구에 맞은 다음 수구 또는 그 밖의 공이 쿠션에 맞지 않았을 때

파울 플레이의 패널티는 각 경기의 룰에 따라서 처리된다.

주 푸시 샷은 현재 포켓 경기에서는 세이프 플레이로 되어 있으나 큐의 스트로크의 방향에 제3물체(공, 쿠션)가 있을 경우는 파울 플레이.

제 2 장
기본을 익히자

폼

올바른 타구 법

폼

당구의 기본은 뭐니 뭐니 해도 폼이다. 자세가 제대로 정립되지 않거나 아류의 변칙적 폼을 몸에 지니게 되면 실력은 향상되지 않는다. 당구 실력의 향상을 위해서는 먼저 올바른 폼을 배우고 그것을 반복하여 연습하여야 한다.

큐의 중심

그립의 위치를 정하려면 먼저 큐의 중심점(밸런스 포인트)을 알아야 한다.
큐의 중심점은 보통 큐의 끝(베트 엔드)에서 50cm 전후의 곳에 있다. 간단하게 찾는 방법은 왼손은 큐를 잡고 오른손의 엄지손가락과 집게손가락을 벌려서 그 사이에 얹고 밸런스가 잡힌 부분이 중심점이다.

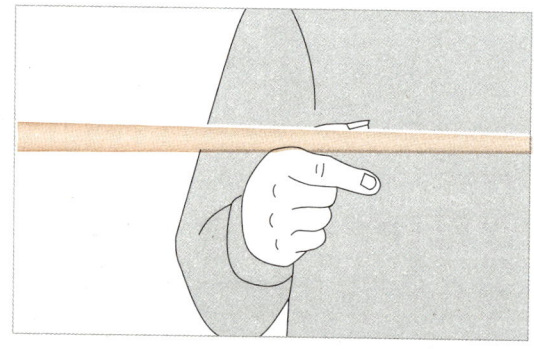

〈 큐의 중심점을 찾는다 〉

그 중심점의 후방 8cm에서 10cm 정도로 쥐는 것이 좋다. 이것은 보통 쥐는 법인데 먼 공의 경우는 약간 뒤를 쥔다.

이와 같이 그립 위치를 변경하는 이유는 가까운 공은 약하게 치고 먼 공은 조금 강하게 치는 경우가 많기 때문인데 상황에 따른 그립의 위치를 유의하기 바란다.

스탠스와 몸의 위치

그립 위치를 알게 되면 치는 공을 향하여 스탠스와 몸의 위치를 정한다. 올바른 위치를 정하는 것이 정확한 샷의 지름길이 된다. 양발을 나란히 하여 서든지 극단적으로 크게 발을 벌리면 올바른 폼이 몸에 붙지 않는다. 몸의 어느 부분에도 무리가 없는 이상적인 밸런스를 유지하여 아름다운 폼으로 치도록 하기 바란다.

오른손잡이의 사람은 오른발이 축족이 된다. 왼발을 약 일보 전방에 내고 몸을 안정시켜 오른발을 약간 바깥쪽으로 벌린다.

이때 왼발을 극단적으로 크게 내딛게 되거나 스탠스가 반대로 작아지게 되면 밸런스가 유지되지 않는다.

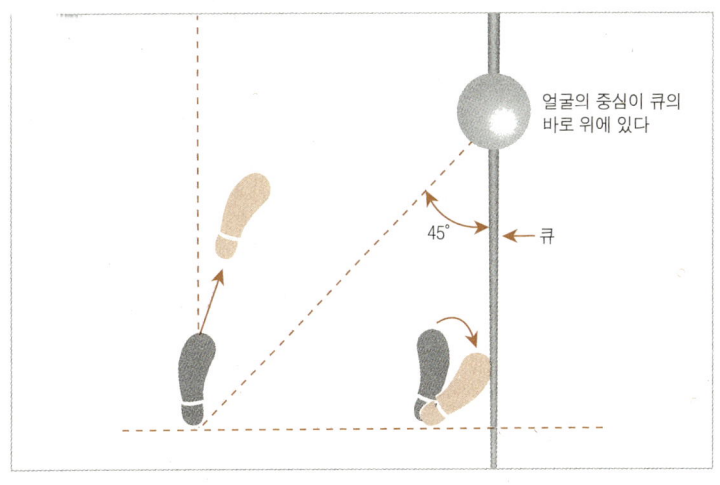

〈 스탠스와 몸의 위치 〉

그립

큐를 쥘 때에는 엄지손가락과 집게손가락을 가볍게 벌려서 그 사이에 큐를 끼우고 다른 손가락은 가볍게 거드는 것처럼 한다. 다섯 손가락 전부로 지나치게 꽉 쥐지 않도록 주의하기 바란다.

공의 한 점을 겨냥하여 그 점에 올바른 방향, 올바른 힘으로 큐 끝을 내밀기 위한 기동점이 되는 것이 큐 밑 둥을 쥔 손가락이다. 미묘하게 치는 어떤 법을 할 수 있도록 쥐는 것은 가벼운 것이 원칙이다.

치는 팔이나 손가락에 필요 없는 힘이 가해지면 움직임이 굳어져 버려서 겨냥한 포인트를 빗나가게 된다.

브리지

당구에서는 큐를 받치기 위해 왼손가락으로 만드는 브리지가 중요한 역할을 한다. 왜냐하면 큐를 겨냥한 대로 정확하게 쳐내는 토대가 되는 부분이 되기 때문이다. 이것이 단단하지 않으면 겨냥을 하더라도 그 포인트에 큐 끝의 팁을 맞힐 수가 없다.

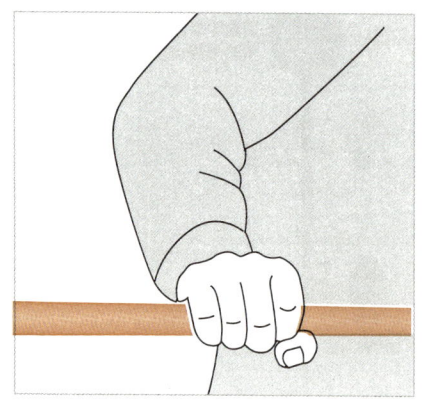

〈 큐를 나쁘게 쥔 자세 〉

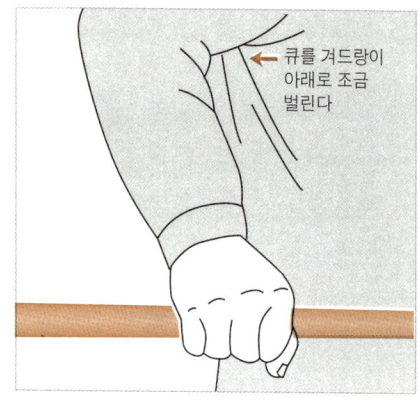

큐를 겨드랑이 아래로 조금 벌린다

〈 큐를 올바르게 쥔 자세 〉

표준적 브리지

먼저 극히 표준적인 브리지의 만드는 법을 설명한다.

① 테이블 위에 왼손의 손가락을 벌리고 손목에서 끝을 안쪽에 조금 구부려 둔다.
② 새끼손가락, 약손가락, 중지의 순으로 안쪽에 구부리고 세 손가락으로 받침을 만든다.
③ 큐와 직각이 되도록 엄지손가락과 집게손가락으로 고리를 만든다.
④ 엄지손가락과 집게손가락의 고리를 열어서 큐를 받친다.
⑤ 중지와 엄지손가락의 제2관절로 큐를 안정시킨다.

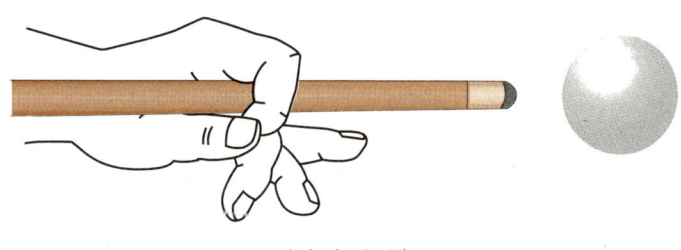

〈 브리지 만드는 법 〉

이것으로 일단 브리지의 모양은 완성이지만 실제로 공을 칠 때에는 다음과 같은 점에 더욱 주의하여야 한다.

* 집게손가락은 너무 힘을 넣으면 큐를 지나치게 졸라 움직임이 둔해진다. 또 반대로 너무 풀어도 목표를 올바르게 칠 수 없다. 그러므로 먼저 공을 실제로 치기 전에 몇 번이고 빈 스트로크를 하여 큐가 닿지 않도록 연습하기 바란다.
* 브리지하고 있는 왼손은 단단하게 고정되어 있어야 한다. 구대 위에 접촉되어 있는 부분은 단단히 힘을 넣도록 해주기 바란다. 추 족의 오른발과 브리지의 왼손이 단단히 고정되지 않으면 올바르게 칠 수 없다.

* 왼팔의 팔꿈치 부분은 똑바로 편다. 그러나 힘을 넣지 말아야 한다. 손에는 힘을 넣고 팔은 힘을 빼야 한다.
* 브리지를 하는 손과 큐는 직각이 되도록 하여야 한다.
* 브리지를 만드는 위치는 보통 수구에서 15cm 정도 앞의 지점이다.

이상이 표준적인 브리지의 만드는 법이지만 이것으로 모든 상황을 만회할 수는 없다. 공의 위치에 따라, 겨냥에 따라 변화시킬 필요가 잇는 것이다. 그러나 이 표준적인 브리지를 먼저 완전하게 마스터한 다음 다른 모양을 연습하기 바란다.

브리지의 차이

공의 어디를 칠 것인가의 조절은 브리지의 모양으로 한다. 그러나 그 경우도 먼저 표준적 브리지를 만들어 그것으로부터 변화시키는 것이다.
여기에서는 공의 상부, 중심, 하부의 각각을 칠 때의 브리지에 관하여 설명한다.

| 1 | 위치기의 경우
중지를 세워서 힘을 넣고 큐 끝을 위로 향하도록 한다.

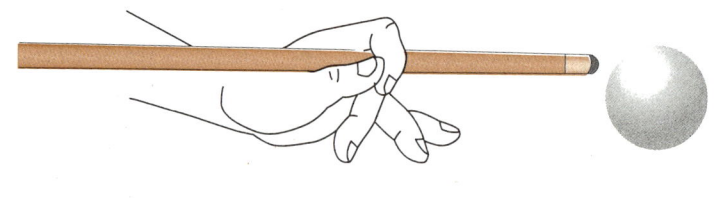

〈 위치기의 경우 〉

| 2 | 중심치기의 경우

중지를 비스듬히 앞에 펴는 것 같이 하여 정확하게 팁이 중심부를 치도록 한다.

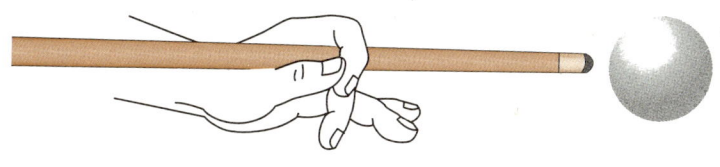

〈 중심치기의 경우 〉

| 3 | 아래치기의 경우

중지는 안으로 구부려서 넣고 큐 끝이 낮아지도록 한다. 실제로 경기할 때에는 공의 위치에 따라 변화하지만 이 세 가지는 브리지의 기본으로 완전히 마스터하기 바란다.

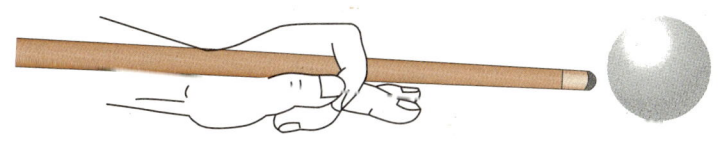

〈 아래치기의 경우 〉

특수한 브리지

공의 위치나 배치에 따라서는 표준적인 브리지로는 칠 수 없는 경우가 있다.
공이 쿠션에 닿아 있을 때나 고급기술인 세리라는 테크닉을 구사할 때에는 특수한 브리지를 하여야 한다.
초심자는 세리 등을 연습하는 것은 앞으로의 일인데 이런 특수한 브리지가 있다는 것을 알아두기 바란다.

| 1 | 쿠션에 공이 터치되어 있을 때

수구와 적구가 쿠션에 따라서 나란히 있을 때에는 중지와 약손가락을 테이블 끝에 붙여서 받치고 새끼손가락으로 쿠션을 누른다. 새끼손가락을 나무틀에 걸치고 중지와 약손가락을 쿠션에 걸치는 방법도 있다.

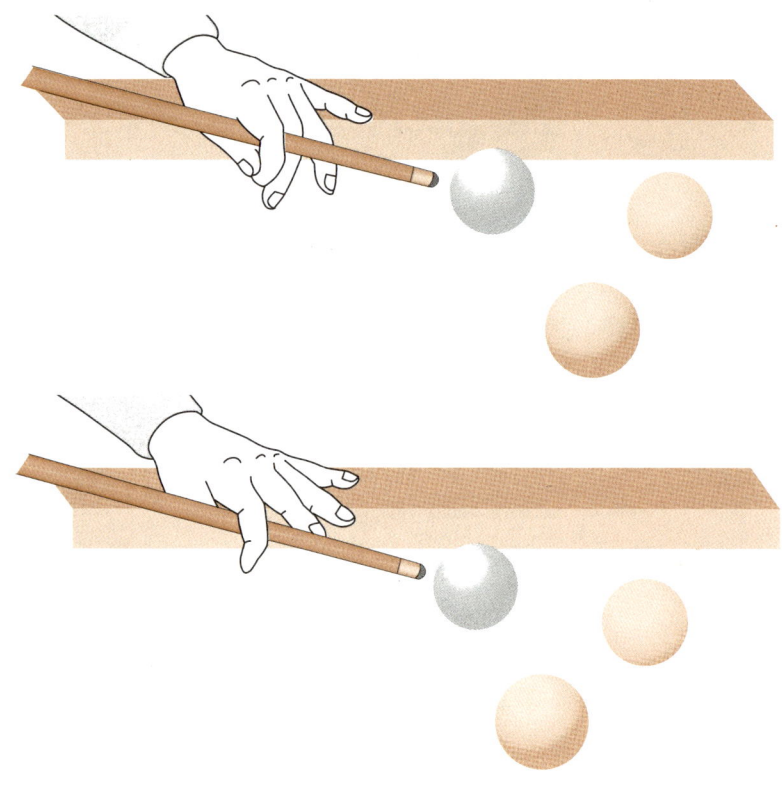

〈 쿠션에 공이 터치되어 있을 때의 브리지 〉

| 2 | 왼손으로 칠 때의 브리지

아무리 하여도 잘 쓰는 팔의 오른손으로 칠 수 없는 장소에 공이 있을 때에는 오른손으로 브리지 한다.

〈 브리지를 오른손으로 만든다 〉

| 3 | 공을 커브 시키고 싶을 때의 브리지

큐를 약간 세워서 중지, 약손가락, 새끼손가락의 세 손가락으로 받치고 엄지손가락의 각도를 조정하는 브리지이다.

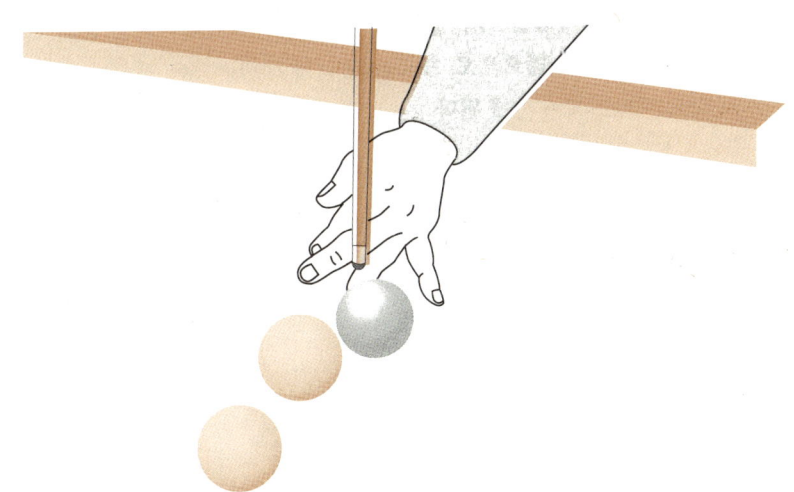

〈 공을 커브시키고 싶을 때의 브리지 〉

| 4 | 자기 앞쪽의 공 너머로 칠 때의 브리지

공이 근접하고 있을 때에 한 공을 넘겨서 칠 때의 브리지는 새끼손가락과 약손가락으로 떠받치고 손목을 세우는 느낌으로 브리지 한다. 이때 공 터치하기 쉬우므로 주의 하여야 한다.

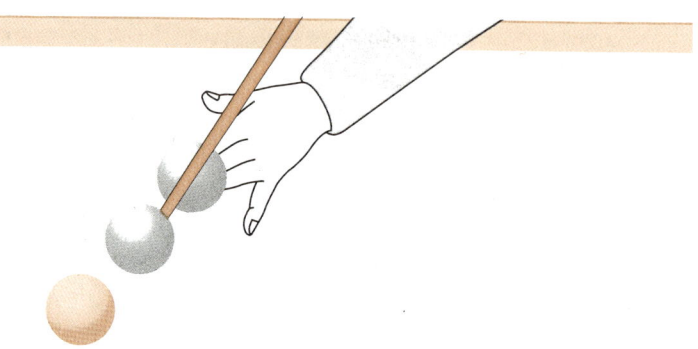

〈 자기 앞의 공 너머로 칠 때의 브리지 〉

| 5 | 세리의 브리지

세리란 공을 전부 한 곳에 모아서 흩어지지 않도록 하면서 득점하는 고급기술이다. 이 경우, 치는 힘의 가감은 너무 강하지 않고 그 위에 극단적으로 중심에서 떨어진 포인트를 치는 경우가 많으므로 손목을 세워서 새끼손가락 약손가락 중지의 끝만으로 떠받치는 브리지가 많게 된다.

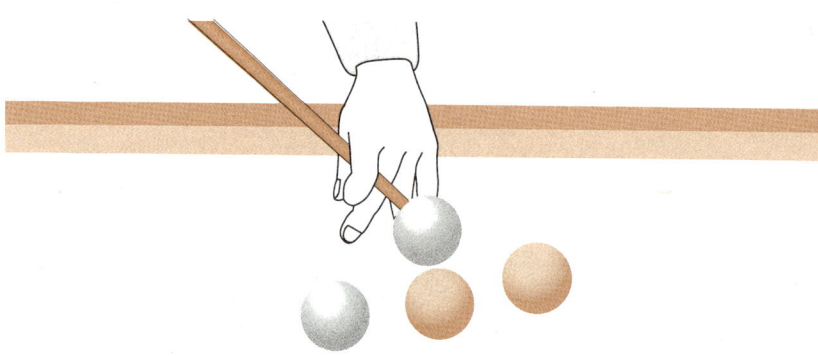

〈 세리의 브리지 〉

올바른 자세

큐를 쥐는 포인트, 발을 벌리는 상태, 브리지의 만드는 법을 익혔으면 다음은 공을 치는 자세를 연습하기로 하자. 먼저 일련의 동작을 스텝 별로 설명해 본다.

> ① 오른손으로 큐를 잡고 중심점을 점검하여 그 후방 8cm 정도의 곳을 쥔다.
> ② 공을 쳐내는 방향에 똑바로 서서 방향, 힘의 가감을 확인한다. 이때 큐를 허리뼈 근처에서 오른손으로 떠받치고 앞에 쓰러뜨리고 노리는 공에 스칠 정도까지 접근해 본다. 큐가 몸과 직각으로 되어 있으면 올바른 위치를 차지한 것이 되고 직각으로 되지 않는 경우는 위치를 수정하여야 한다.
> ③ 다음은 시동체제이다. 왼발을 약 일보 앞으로 내고 동시에 오른발을 조금 바깥으로 벌린다.
> ④ 다음에 왼손을 큐 끝에 펴서 브리지를 하고 오른손을 구부려서 스트로크 자세를 취한다. 이때 초심자는 왼발에 중심을 두기 쉽다. 그렇게 되면 앞으로 구부린 자세가 되어 스트로크를 잘 할 수 없으므로 주의하기 바란다.

표준 폼은 왼쪽 어깨에서 팔꿈치의 선은 큐에 대하여 45°, 오른손과 큐의 각도는 90°이나.

올바른 자세를 취했을 때 두 눈은 큐와 수구를 똑바로 보게 된다. 코끝의 바로 밑에 반드시 큐가 오게 된다. 옆에서 들여다보는 것 같은 감이 들 때에는 자세가 잘못되어 있는 것이다. 그 경우는 다시 한 번 처음부터 고쳐서 하기 바란다.

이것으로 일단 기본적인 자세는 마스터했으나 공의 위치에 따라 먼 공을 칠 때, 가까운 공을 칠 때에 자세가 변하는 것은 당연하다. 그것을 조금 설명하기로 한다.

〈 표준 폼 〉

▲ 상체가 앞으로 굽혀지지 않도록 한다

◀ 코끝의 바로 밑에 큐가 온다

▶ 눈의 시선은 큐와 수구를 똑바로 본다

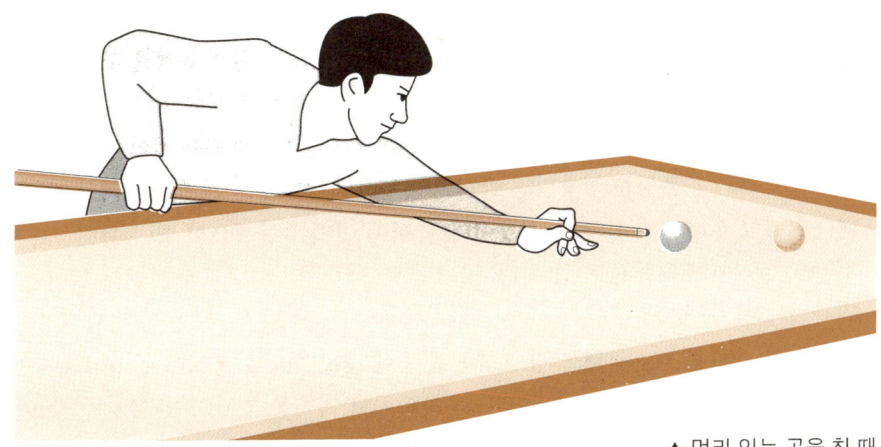

▲ 멀리 있는 공을 칠 때

▶ 가까이에 있는 공을 칠 때

스트로크

기본동작의 결말이 스트로크(쳐내다)이다. 지금까지의 일련의 동작은 모두 자기가 노린 수구의 포인트에 큐를 정확하게 스트로크 하기 위한 것이다.

스트로크에 있어서 초조하게 굴 필요는 없다. 천천히 정확하게 하는 것이 원칙이다.

스트로크의 기본형은 구부러진 팔꿈치의 부분을 지점으로 하여 정확하게 시계의 흔들이처럼 전후로 움직이게 하는 것이다. 이때 어깨에 불필요한 힘이 들어가서 팔 전부로 움직이게 되어서는 안 된다. 또 스트로크의 폭이 지나치게 크거나 작아져도 정확하게 칠 수 없다.

올바른 스트로크를 쳐냈을 경우 큐는 수구에 맞고 수구를 움직이게 하여 큐 끝을 수구가 있었던 위치에서 10cm 정도의 앞쪽에서 정지한다. 이것을 폴로 스루라고 한다. 정확한 스트로크로 쳐내더라도 브리지가 흔들리거나 그립을 비틀거나 하면 부정확한 치기가 된다.

초심자는 몇 번이고 반복하여 올바른 폼, 정확한 스트로크, 폴로 스루를 연습하기 바란다. 당구의 기초를 건너 뛰어 곧 경기를 시작하는 것은 즐겁다고 생각하지만 실력은 향상되지 않는다. 기초가 되어 있지 않으면 무슨 일이든 잘 되지 않는다는 것은 당구에서도 마찬가지이다.

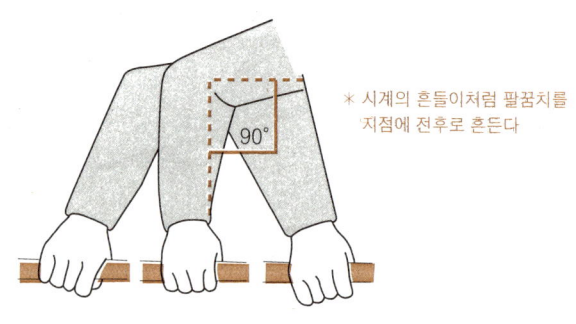

〈 스트로크의 기본형 〉

올바른 타구 법

당구가 두뇌의 경기라고 불리는 것은 항상 공의 물리적 운동을 계산하여 치지 않으면 득점이 되지 않는 경기이기 때문이다. 그 위에 입사각이나 반사각의 계산, 힘을 넣는 가감 등의 계산도 요구된다.

머릿속에서 확실하게 계산할 수 있고 더구나 그 겨냥한 대로 공을 칠 수 있는 운동신경이 있어야 비로소 당구 실력이 향상되는 것이다.

여기에서는 수구 1개의 타구 법, 수구를 적구에 맞히는 방법을 설명한다.

수구의 당점

수구를 칠 때에 겨냥하는 포인트를 당점이라고 말한다. 수구의 당점은 일반적으로 중심, 중심 위, 중심 밑, 오른쪽 옆, 우상, 우하, 왼쪽 옆, 좌상, 좌하의 9개의 포인트로 나누어져 있다.

따라서 앞으로의 설명에서 중심치기라고 말하면 중심점을, 좌하치기라고 말하면 좌하의 당점을 친다는 뜻이 된다.

초심자가 공을 칠 때에는 극단적으로 상하 좌우의 구석을 치면 큐 끝이 미끄러져 정확한 샷을 할 수 없다.

공의 당점은 중심점을 중심으로 하여 직경의 10분의 6 동심원의 안쪽이면 미스 샷 하지 않고 칠 수 있다고 간주되고 있다. 초심자는 먼저 이 10분의 6동심원 내의 9개의 당점을 정확하게 칠 수 있도록 연습하기 바란다.

완전하게 칠 수 있게 되면 더욱더 어려운 10분의 7 동심원에 도전하도록 하자.

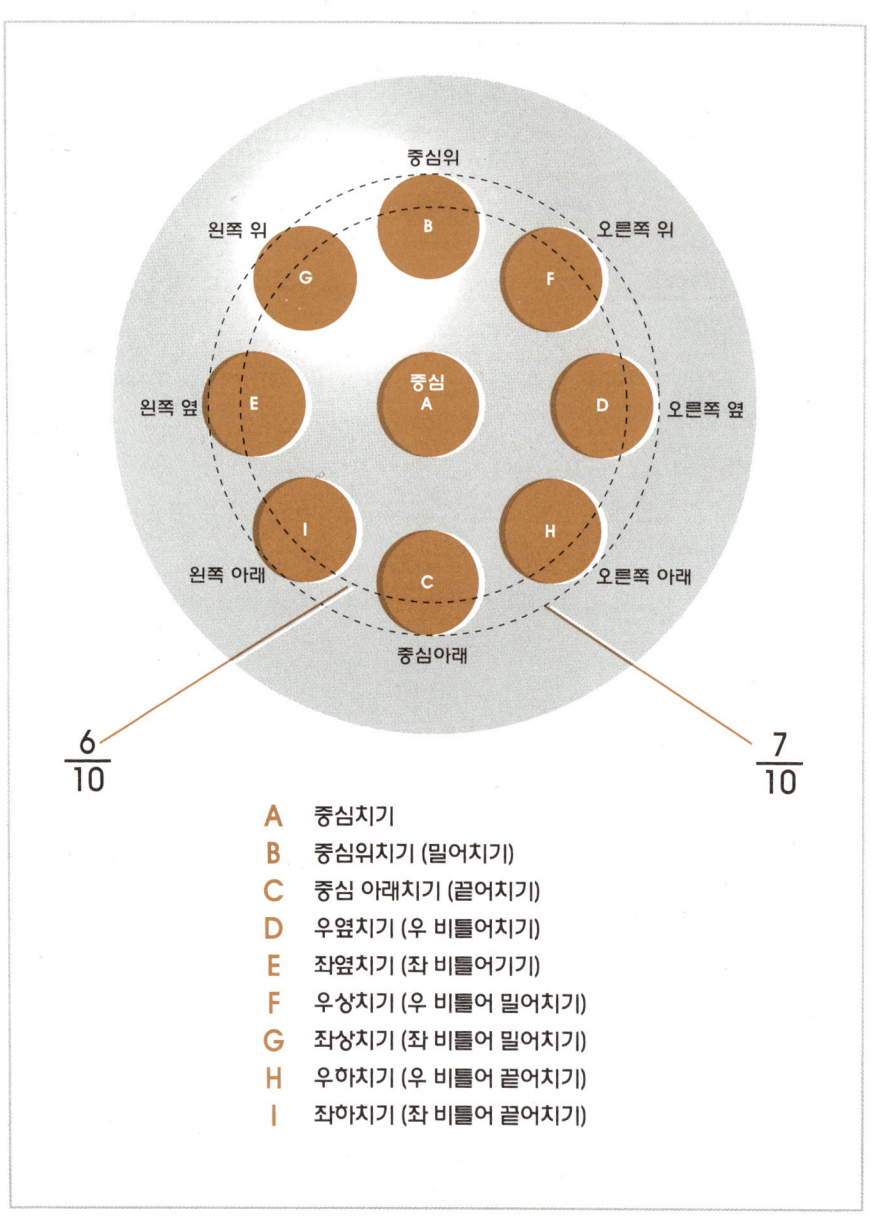

< 수구의 당점 >

수구의 운동과 진행법

당점에 따른 공의 진행법을 설명한다.

| 1 | 중심 위치기 때
큐를 수평으로 유지하면서 중심 위의 당점을 치면 공은 큐의 진행방향으로 순한 회전을 하면서 진행한다. 이것을 『밀어치기』라고 말한다.

| 2 | 중심치기 때
수구는 바로 회전하지 않고 일정한 동안은 무 회전으로 진행한 다음 자전을 시작한다. 이런 움직임의 타구 법을 『죽여치기』라고 말한다.

| 3 | 중심 밑 치기 때
중심 밑 부분을 치면 먼저 약간 활주한 다음 역회전하고 다음에 무 회전으로 활주하고 그 후 보통의 회전으로 되돌아온다. 이것을 『끌어치기』라고 말한다.

| 4 | 오른쪽 옆치기와 왼쪽 옆치기 때

오른쪽 옆과 왼쪽 옆을 쳤을 때에는 좌우대칭의 움직임을 보인다. 오른쪽 옆을 치면 우선 약간 활주하고 그 후 횡 회전과 전진회전을 혼합한 진행법으로 진행한다. 왼쪽 옆의 경우는 오른쪽과 반대의 횡 회전과 전진회전이다.

큐를 수평으로 하여 오른쪽 또는 왼쪽 옆을 쳐서 쿠션에 직각으로 넣었을 경우 오른쪽 옆을 쳤을 때는 오른쪽으로, 왼쪽 옆을 쳤을 때는 왼쪽으로, 각각 32° 전후의 반사각으로 반사한다.

또 이때 큐 밑 둥을 세워서 치면 직선으로 진행하고 오른쪽 옆을 쳤을 때에는 오른쪽으로 커브 한다. 이와 같이 수구에 횡 회전을 주어 공의 진로를 커브 시키는 타구 법을 『비틀어치기』라고 한다.

밀어치기, 끌어치기, 죽여치기, 비틀어치기의 원칙을 이해하게 되었으면 초심자는 적구를 놓지 말고 수구 1개만으로 각각의 타구 법을 연습하기 바란다.

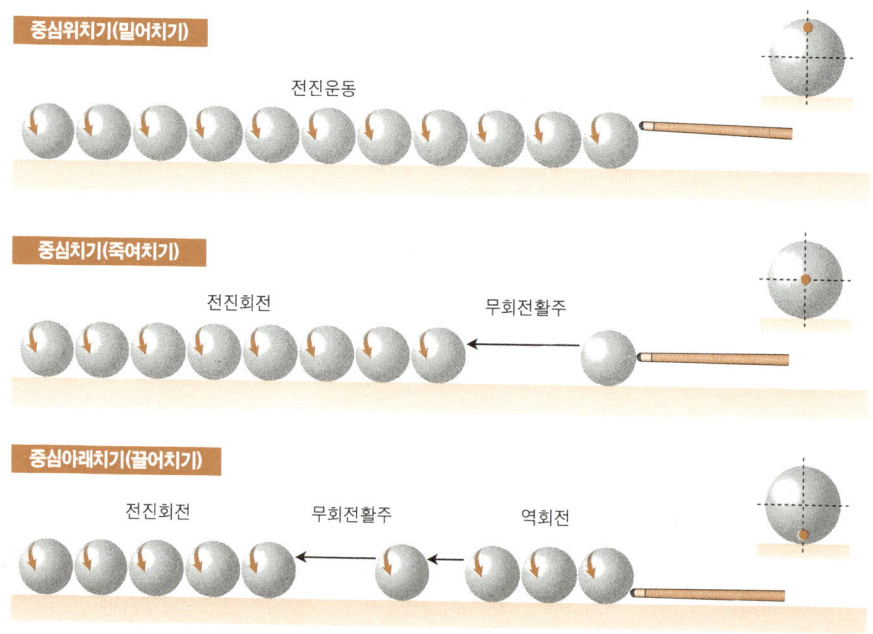

〈 수구의 회전운동 〉

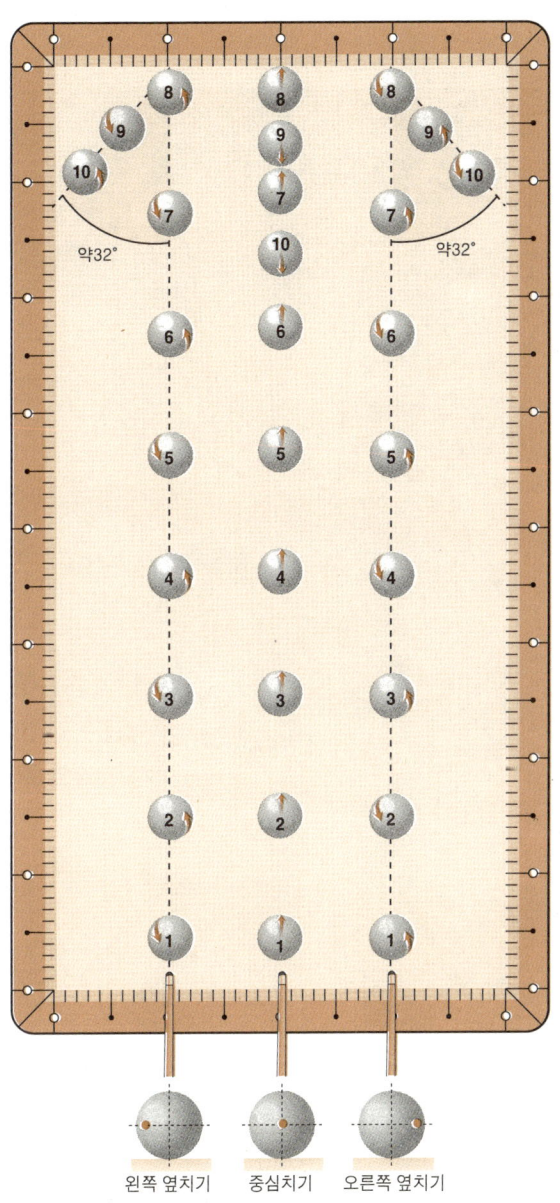

< 수구의 회전운동2 >

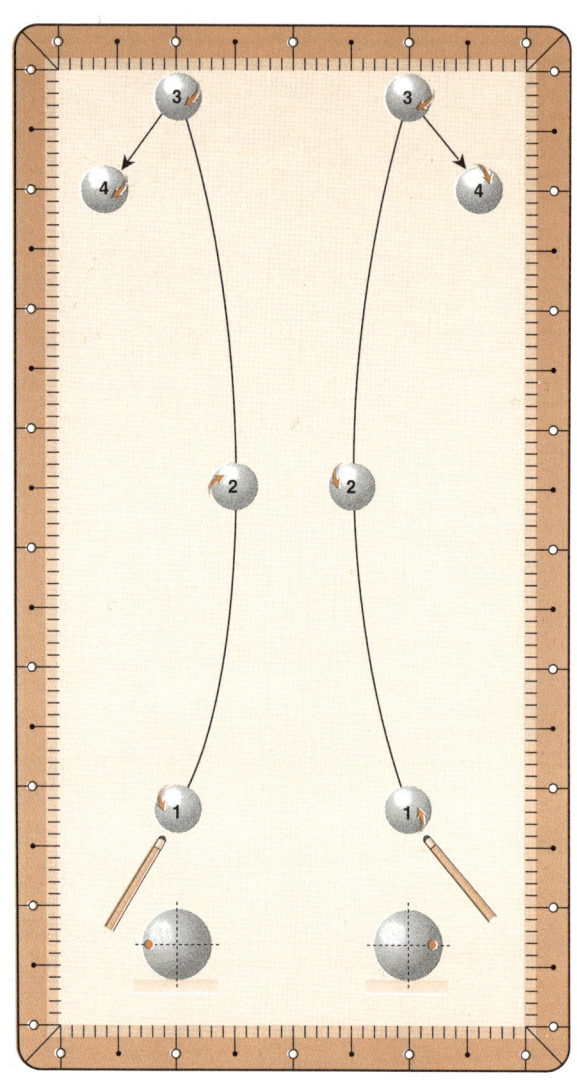

〈 비틀기를 걸었을 때의 수구의 회전운동 〉

수구의 운동과 진로

수구는 적구에 맞아서 진행하는 방향이 달라진다. 이것을 계산하여 칠 수 있게 되면 경기를 즐길 수 있게 된다. 먼저 가장 기본적인 수구와 적구의 운동과 진로를 설명한다.

큐를 수평으로 하여 수구의 중심 위를 치면 밀어치기가 되고 적구는 맞는 순간에 수구와 같은 진행 방향으로 회전하면서 진행한다. 수구는 이것을 쫓아가는 기분으로 전진 회전해 간다.

또 마찬가지로 큐를 수평으로 유지하여 수구의 중심치기를 한 경우는 수구가 전진회전을 시작하는 전과 후에 운동진로가 달라진다. 수구가 미끄러져 적구에 맞았을 때에는 적구만이 전진회전하고 수구 쪽은 맞은 장소보다 조금 후진하여 정지한다. 이른바 죽여치기라는 타구법이다. 그러나 수구가 전진운동을 시작한 후 적구에

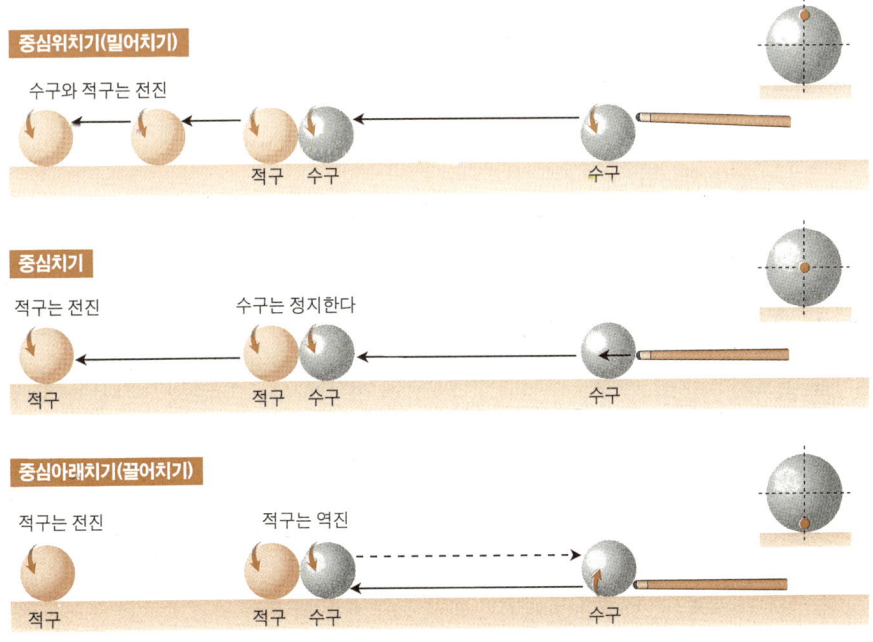

〈 수구가 적구에 맞았을 때의 운동과 진로 〉

맞으면 중심 위치기와 같이 수구 적구가 다함게 같은 방향으로 진행해 간다. 다음에 큐를 수평으로 유지하면서 중심 밑을 쳤을 때의 움직임을 설명한다.

수구가 아직 역의 회전력을 잃지 않았을 때 적구의 정면에 맞히면 수구는 적구에 맞는 순간에 뒤로 움직이는 힘이 가해져서 손잡이 쪽으로 역진하여 적구만이 수구의 진로를 향하여 전진운동을 한다. 이것이 끌어치기라고 부르는 타구법이다.

두껍게 맞히는 방법

수구를 적구에 맞힐 때 수구와 적구가 포개지는 비율을 두께라고 말한다. 두께는 목표한 코스에 수구를 달리게 하기 위해서 매우 중요하다. 두께는 크게 나누어 다음 여섯 가지로 분류된다.

| 1 | 중앙의 겨냥점

중앙은 가장 두껍게 적구에 맞히는 두께의 거는 방법이다. 수구의 중심과 적구의 중심이 맞는 점이 겨냥점(큐를 쳐내는 방향)이다.

| 2 | 3/4의 겨냥점

4분의 3의 두께를 붙이고 싶을 때, 겨냥점은 적구의 직경을 3등분한 점이 된다. 이 겨냥점을 향해서 정확하게 샷 하면 수구와 적구는 4분의 3만 포개진다.

| 3 | 2/3겨냥점

3분의 2의 겨냥점은 적구의 직경을 3등분한 점보다 약간 바깥에 접근한 점이다. 일반적으로 이 3분의 2까지의 두께를 『두껍게 맞힌다』라고 표현한다. 이 이하는 『얇게 맞힌 다』이다.

| 4 | 1/2의 겨냥점

수구와 적구가 2분의 1만 포개지기 위한 겨냥점은 적구의 제일 끝이다.

| 5 | 1/3의 겨냥점

2분의 1에서 아래의 겨냥점은 공에서 떨어진 곳에 있다. 3분의 1의 두께로는 적구에서 약간 떨어진 점이 겨냥점이 된다.

| 6 | 1/4의 겨냥점

4분의 1의 겨냥점은 적구의 직경을 4등분한 길이만큼 적구의 끝에서 떨어진 점이 된다.

이러한 겨냥점은 표현상으로는 몇 분의 몇의 점이라고 말하지만 실제로는 정확하게 직경을 재서 공에 표시를 할 수는 없다. 또 공의 바깥쪽의 겨냥점은 공중이기도 하여 마크는 불가능하다. 따라서 모두 목측으로 칠 수밖에 없다. 그런 만큼 착오 없는 정확한 두께의 거는 방법을 연습하여야 한다.

정확하게 두께를 걸기 위해서는 목측으로 계산한 겨냥점에 큐 끝을 똑바로 펴고 미리 수구의 진로와 겨냥점을 재면서 수구를 쳐내는 연습을 반복한다.

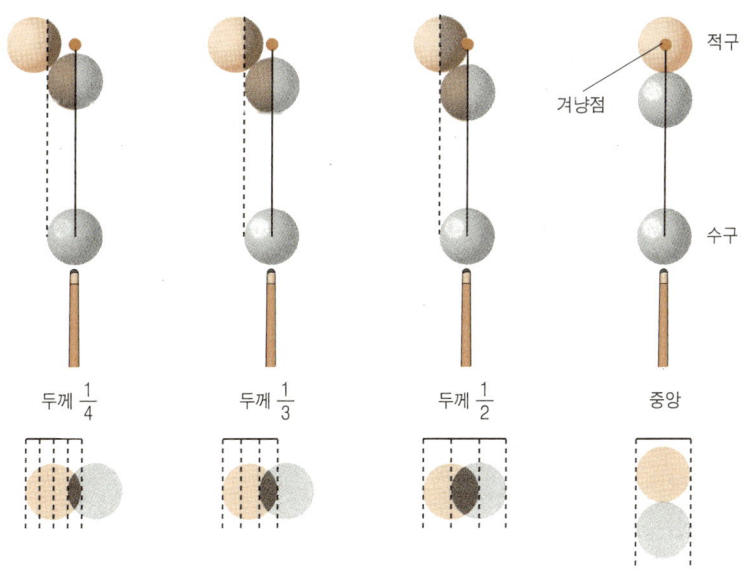

〈 두께의 거는 법과 겨냥점 〉

처음에는 밀어치기로 중심점 위를 쳐서 연습한다. 이때 두께가 틀리면 수구의 진로가 달라지는 것을 잘 알게 된다.

두께가 증가할수록 수구가 진행하는 방향은 큐를 밀어낸 방향에서 큰 각도로 진행한다. 4분의 1일 때에는 20°, 3분의 1이면 35°, 2분의 1이면 45°가 되고 겨냥점이 중앙이면 수구는 진로를 바꾸지 않고 진행하거나 그곳에 정지해 버린다.

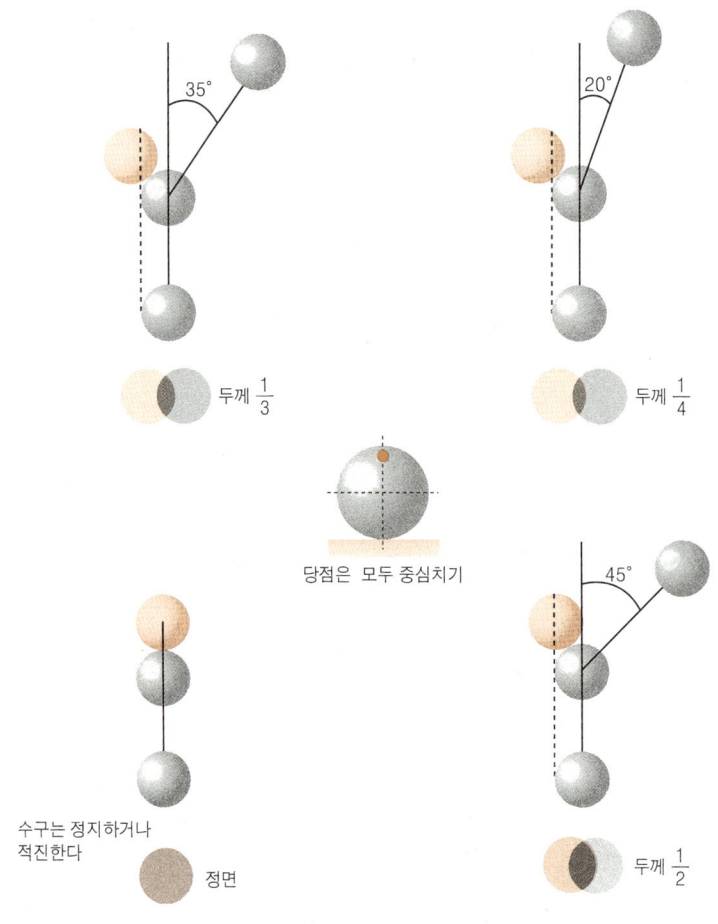

〈 두께의 차이에 의한 수구의 진로 〉

힘 가감과 쿠션

말로써 공을 칠 때의 힘 가감을 설명하는 것은 매우 어려운 일이다. 보통이라든가 강하게라고 표현하더라도 사람에 따라서 전혀 힘 가감이 틀려지기 때문이다.

그래서 쿠션을 향해서 중앙 위치기를 하였을 경우, 되돌아온 공이 정지하는 지점에서 5단계로 힘 가감을 설정했다.

이하 이 책에서는 다음과 같은 표현으로 힘 가감을 나타낸다.

> * 약하게 : 긴 쿠션에 맞고 곧 정지한다.
> * 약간 약하게 : 구대의 반쯤까지 되돌아와 그곳에 정지한다.
> * 보통 : 자기 앞의 쿠션에도 맞고 또다시 건너편 쿠션에 맞아 그곳에 정지한다.
> * 약간 강하게 : 자기 앞의 쿠션에 맞고 또다시 건너편 쿠션에 맞아 그곳에 정지한다.
> * 강하게 : 두 번 건너편 쿠션에 맞고 되돌아 와서 구대의 중앙에서 정지한다.

약한 타구 법으로 공이 진행하는 거리를 1로 하면 약간 강하게 1.5배의 거리를, 보통에서는 2.5를, 약간 강하게는 3, 강하게는 3.5로 된다.

스스로 쳐보고 공의 거리를 보아 힘 가감을 일 필요가 있다. 그리고 『이것이 보통 타구 힘 가감』이라고 외워 두기 바란다.

힘 가감이 틀리게 되면 같은 두께로 같은 당점을 치더라도 적구와의 분리 각이 틀려진다.

힘 가감은 공의 회전속도를 달리게 하는 거리를 컨트롤하는 동시에 수구의 진로를 변화시키는 것이다.

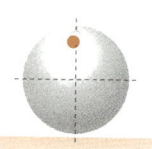
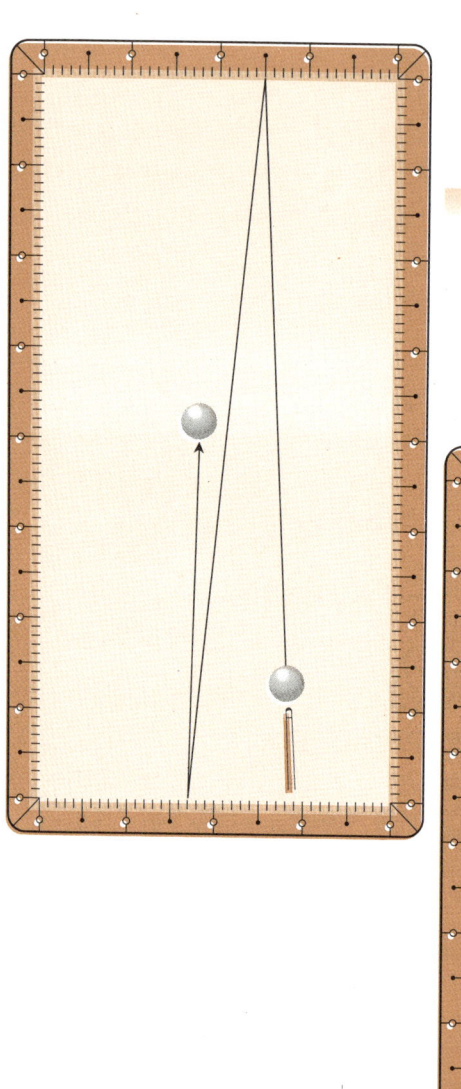

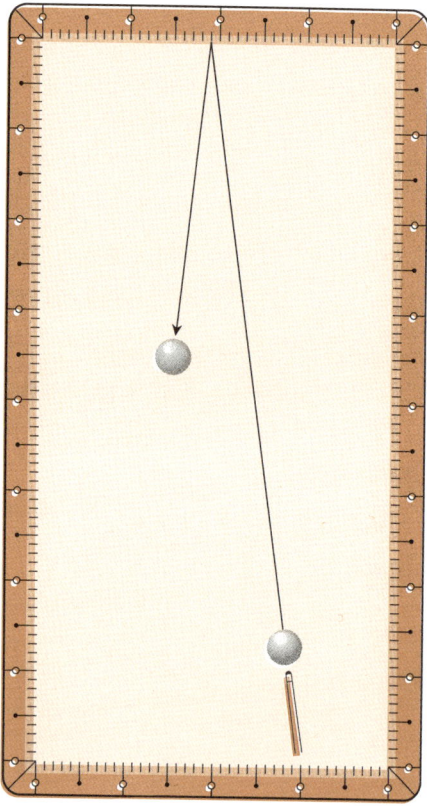

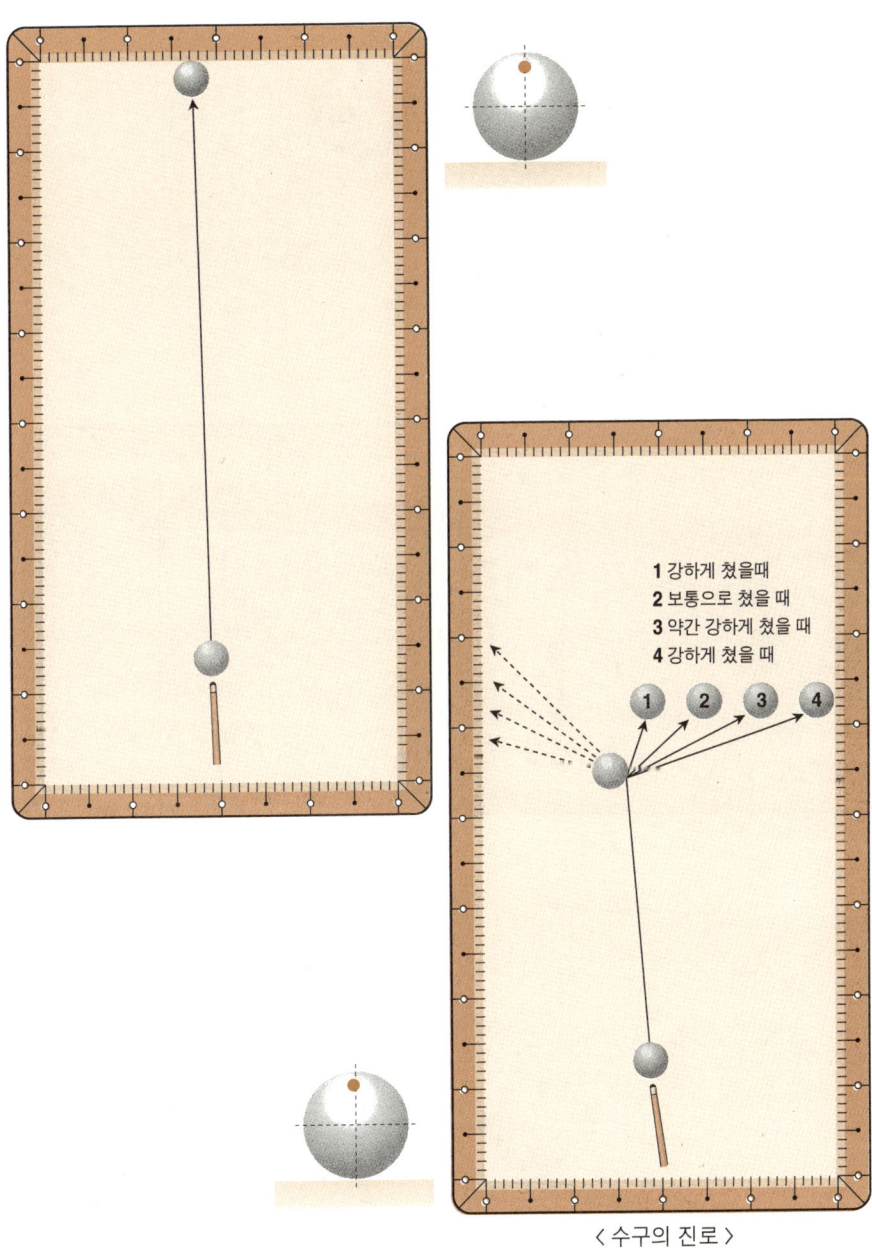

1 강하게 쳤을때
2 보통으로 쳤을 때
3 약간 강하게 쳤을 때
4 강하게 쳤을 때

〈 수구의 진로 〉

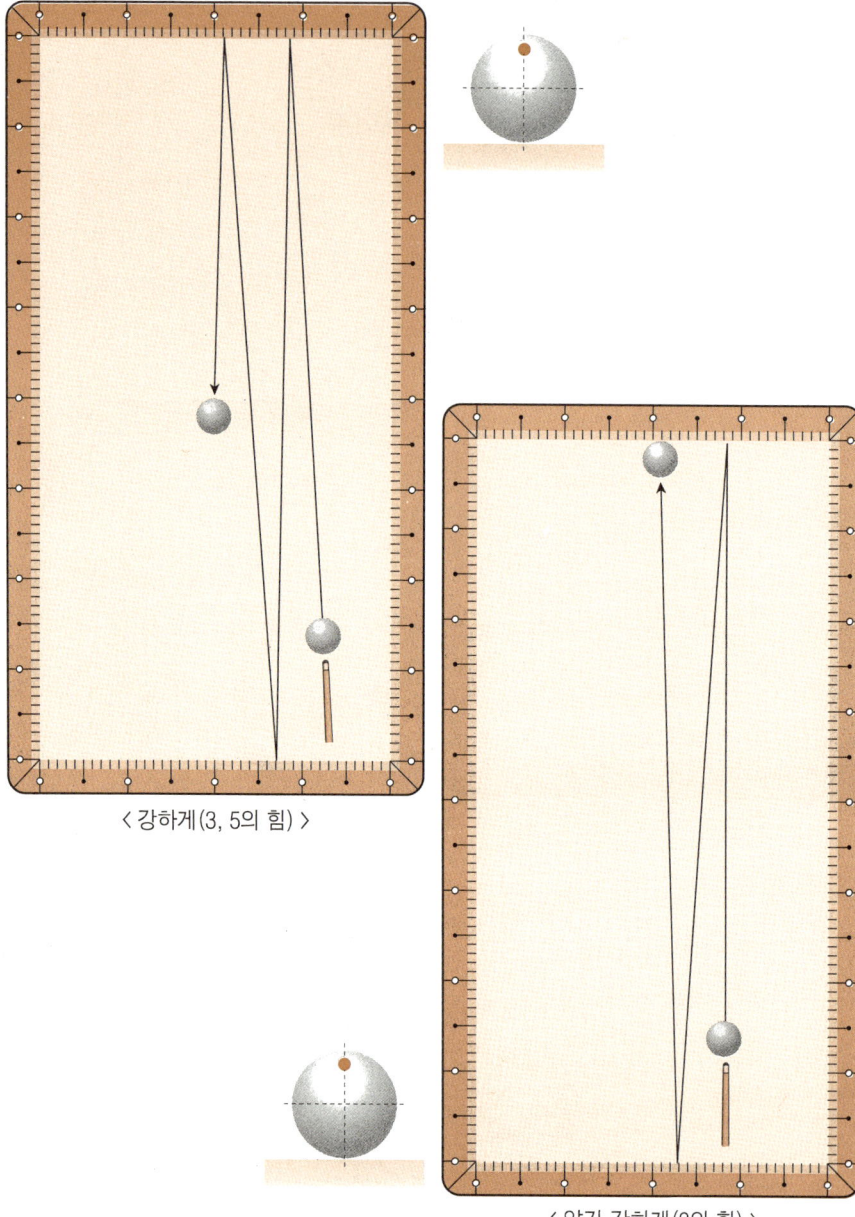

< 강하게(3, 5의 힘) >

< 약간 강하게(3의 힘) >

공의 진로와 반사각 · 분리 각

수구가 적구에 맞은 후 어떤 방향에 어떤 회전으로 진행하는가 하는 것에는 그야말로 무한한 패턴이 있다. 그러나 기본적인 패턴을 정확하게 배워 두면 그 짜 맞춤으로 수구의 변화를 계산 할 수 있다.

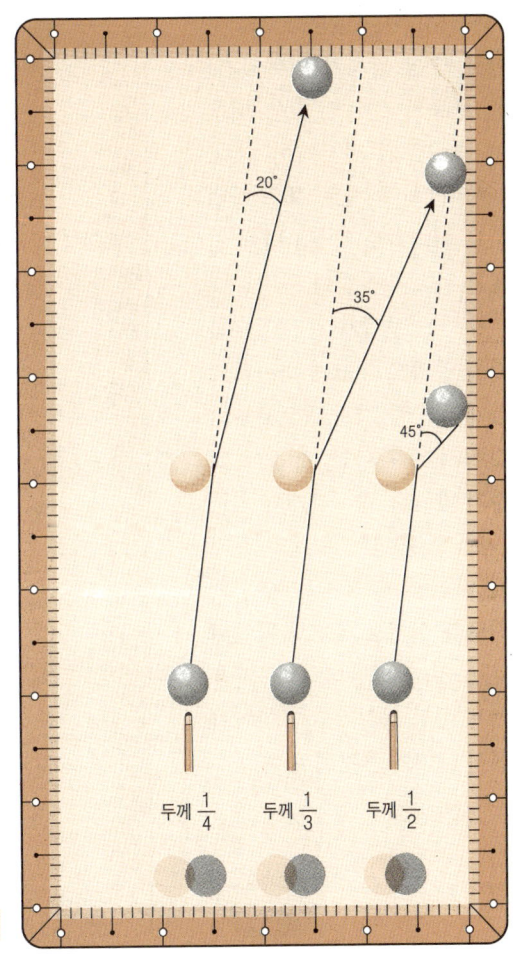
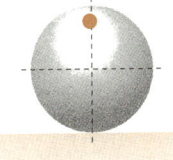

〈 수구의 진로 1 〉

|1| 두께의 거는 법에 의한 수구의 진로

본래 두께는 수구의 진로를 이상대로의 진로로 향하게 하기 위한 방법이므로 올바른 타구를 하면 반드시 일정한 법칙으로 진로를 바꾼다. 가장 쳐내기 쉬운 중심 위의 당점을 보통의 타구 법으로 했을 경우 그림과 같이 두께의 변화에 따라 수구의 진로는 바뀐다. 원칙적으로 수구를 적구에 두껍게 맞힌 만큼 반사각은 큐를 내민 수구의 최초의 진로보다도 큰 반사각이 된다. 4분의 3의 두께로 중심 위치기(밀어치기)를 보통의 힘으로 쳤을 때에는 약 70°의 반사각이 된다. 4분의 1의 두께로 같은 방법으로 치더라도 약 20°밖에 진로를 바꾸지 못한다.

수구는 두껍게 치면 칠수록 자기 앞쪽으로 크게 반사하고 얇게 칠수록 자기 앞으로부터 멀어지게 된다는 것을 외워 두기 바란다. 수구 1개와 적구 1개를 사용하여 두께의 걸기에 따라서 틀려지는 수구의 진로를 실제로 쳐보고 확인해 보는 것이 바람직하다. 처음에는 중심 위치기의 밀어치기에서 들어가는 것이 좋다.

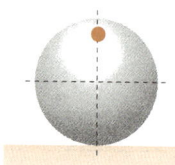
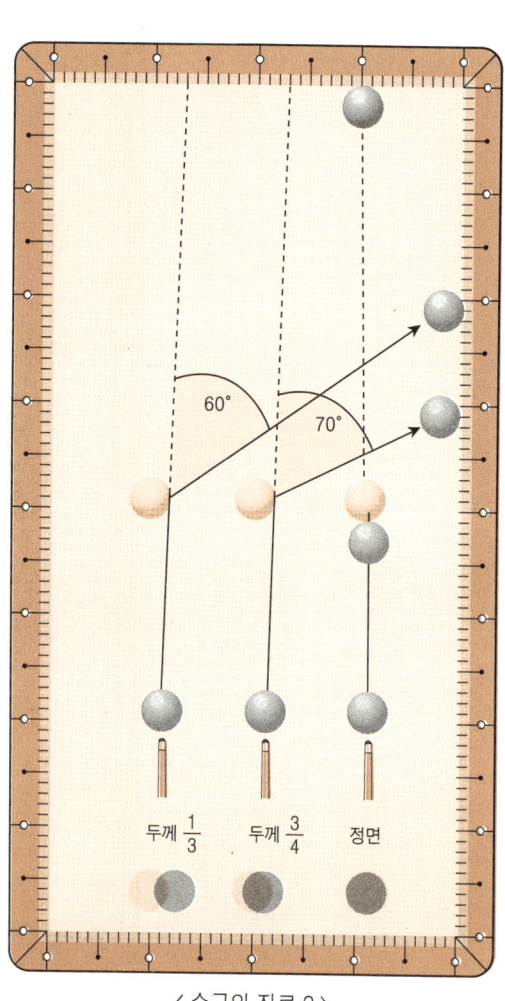

〈 수구의 진로 2 〉

| 2 | 당점의 차이에 의한 수구의 반사각의 변화

당점을 달리하는 것으로도 수구의 진로는 달라진다. 두께를 2분의 1로 일정 시켜 수구의 당점을 여러 가지로 변화시켰을 때에는 그림과 같은 진로를 취한다. 모두가 보통의 힘 가감으로 친 경우이다. 뒤에서 설명하겠지만 같은 당점을 치더라도 힘이 들어가는 가감으로 미묘하게 수구의 진로는 달라진다. 당점의 차이에 의한 수구의 분리 각을 외우기 위해서는 항상 『보통의 힘 가감』(이 책에서는 수구를 중심 위치기를 했을 때 수구가 건너편의 쿠션에 맞고 되돌아와서 자기 앞의 쿠션에 들어가 구대의 중앙에서 정지할 정도의 힘 가감의 타구 법)으로 치도록 유의하기 바란다.

그림에서는 중심 위치기의 밀어치기와 중심 밑 치기의 끌어치기의 차이, 그것과 힘 가감과 두께를 같게 하면서 좌우로 당점을 비켜 놓았을 때의 반사각을 도해한 것이다. 좌우로 당점을 비켜 놓는 것을 『공에 비틀기를 준다』라고 말한다. 예를 들면 우상치기를 했을 경우 수구는 중심 위치기를 했을 때보다 오른쪽으로 진행한다. 좌상이면 반대로 보다 강하게 커브하여 중심 위치기보다도 왼쪽으로 온다.

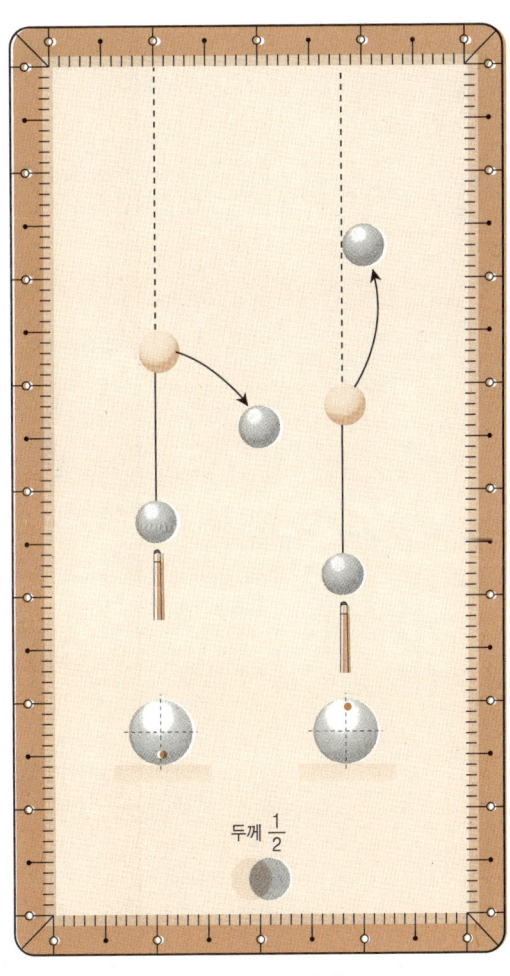

〈 수구의 반사각 변화 1 〉

우하치기의 경우는 끌어치기에 브레이크를 걸리는 것 같은 상태가 되므로 중심 밑 치기보다 약간 자기 앞 오른쪽으로 위치하는 진행법이 된다. 좌하치기이면 보다 강하게 되돌아오므로 반사각이 커진다. 적구의 왼쪽 2분의 1의 두께이면 그 반대가 된다.

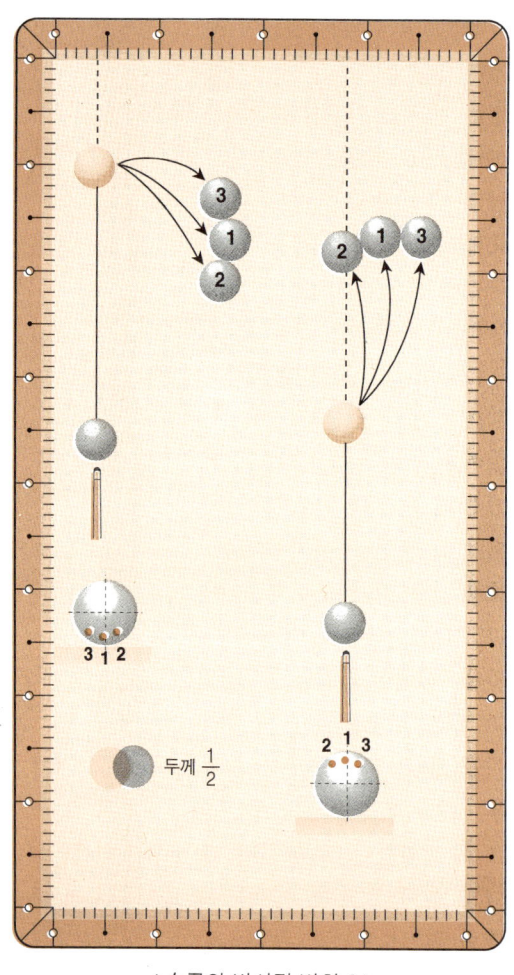

〈 수구의 반사각 변화 2 〉

| 3 | 수구와 적구의 분리 각의 원칙

수구가 적구에 맞으면 2개의 공은 서로 좌우로 갈라져서 진행한다.

수구의 진행법은 앞에서 설명했지만 적구가 어떤 움직임으로 떨어져 나가는가(분리 각이라고 말한다)를 아는 것도 필요하다.

그림에서는 중심 위를 보통의 힘으로 쳤을 때의 적구의 움직임을 도해하고 있다.

수구와 적구가 맞았을 때 수구와 적구의 중심과 중심을 연결한 선의 방향으로 적구는 진행해 간다. 이때의 적구는 미묘하게 비틀기가 주어지고 있다. 또 이때 적구는 수구를 아무리 강하게 치더라도 그것보다 약한 힘으로 전진회전을 시작한다.

수구와 적구의 분리 각은 얇게 맞힐수록 둔각으로, 두껍게 맞힐수록 예각으로 갈라져 간다는 것을 외워 두기 바란다.

이것도 두께를 거는 법이나 힘 가감에 의해 여러 가지로 변화하므로 중심 위치기로 수구와 적구의 진로를 연습하기 바란다.

수구와 적구의 위치나 거리를 여러 가지로 변화시켜 쳐보면 그 변화를 잘 알 수 있다.

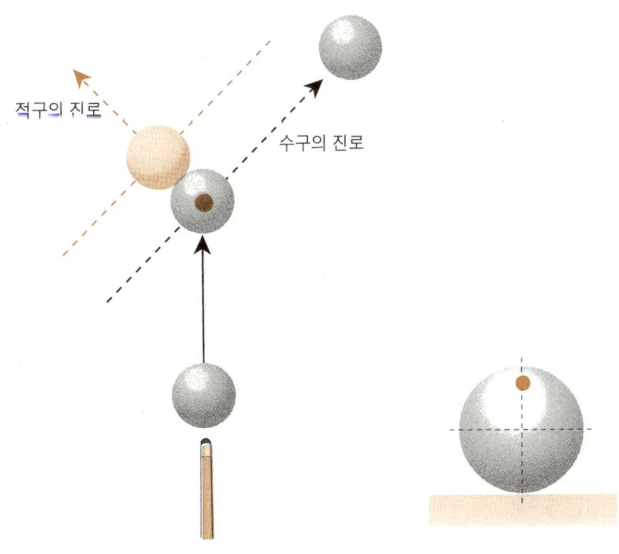

〈 수구와 적구의 분리각 〉

| 4 | 수구의 당점 변화와 분리 각

수구의 당점을 상하 좌우로 변화시키면 당연한 일이지만 적구의 진로는 변화한다. 다음 페이지의 왼쪽 그림은 적구에 같은 두께, 같은 접점, 힘 가감으로 당점을 변화시켜 가는 경우의 분리 각을 나타낸 것이다. 중심을 쳤을 때에 수구와 적구는 3분의 1의 두께 일 때 90°의 분리 각으로 갈라진다.

그러나 오른쪽 옆을 치면 순 비틀기의 상태가 되어 중심치기보다 큰 각도로 갈라져 간다.

왼쪽 옆을 칠 때에는 역 비틀기가 되어 좁은 각도로 갈라져 간다.

순 비틀기 수구와 역비틀기 수구가 적구의 오른쪽이나 왼쪽 어느 쪽을 겨냥하여 치는가에 따라 교대된다.

오른쪽 비틀기이면 오른쪽 옆치기가 순 비틀기, 왼쪽 옆이 역비틀기이지만 적구의 왼쪽 겨냥이면 반대이다. 초심자는 혼란하기 쉬우므로 주의해 주기 바란다.

수구에 비틀기를 걸어 침으로써 2개의 공의 진로를 자유롭게 컨트롤할 수 있다. 밀어치기와 끌어치기는 짝을 맞추어 사용하면 효과적이다.

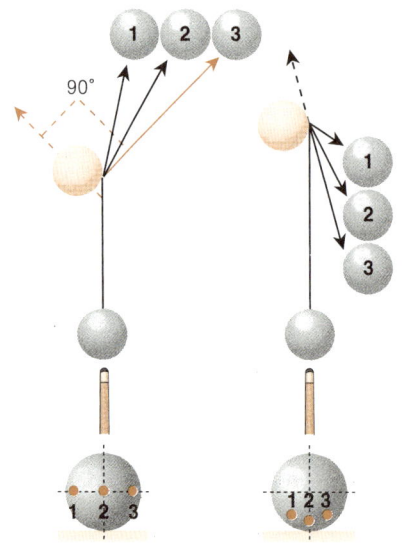

〈 수구의 당점변화와 분리각 〉

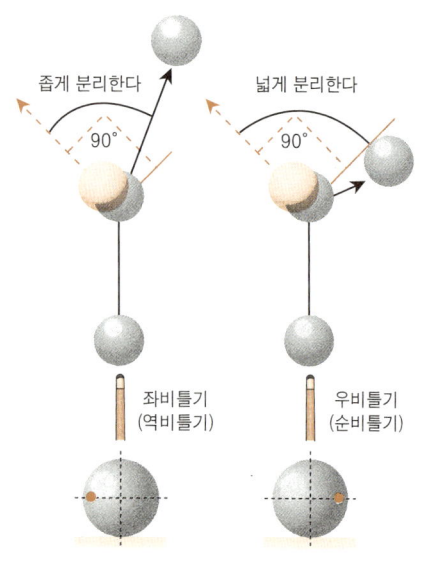

〈 비틀어치기의 분리각 〉

힘 가감에 의한 반사각의 차이

쿠션에 공을 넣었을 때의 반사각은 칠 때의 힘 가감으로 변화한다. 그림은 중심을 힘의 강약을 붙이면서 쳤을 때의 반사각의 차이를 나타낸 것이다.

보통 강하게 쳐냈을 경우와 약하게 쳤을 경우의 반사각도는

* 강하게 쳤을 때 : 예각
* 약하게 쳤을 때 : 둔각

으로 된다. 또 입사각이 커질수록 강약에 의한 차는 커지게 된다.

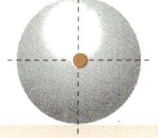

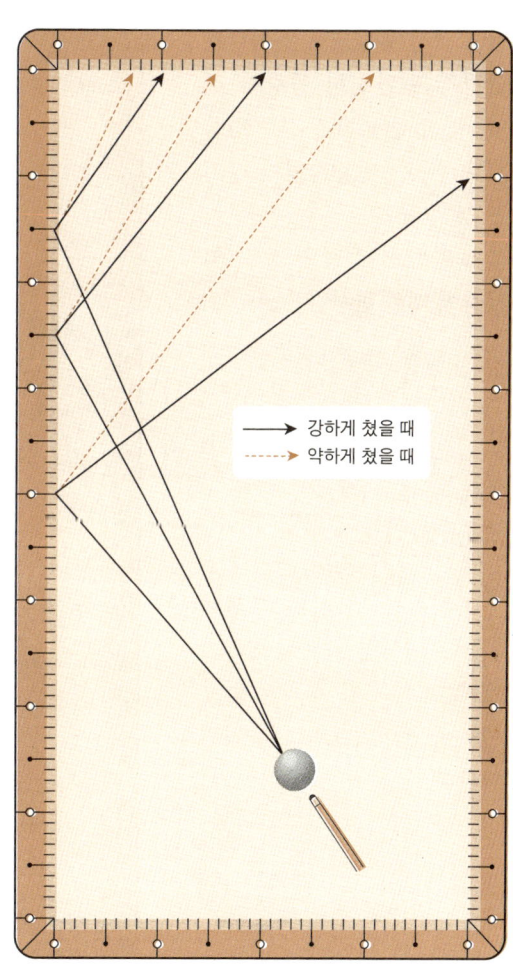

〈 쿠션에 공을 넣었을 때의 힘가감에 의한 반사각의 차이 〉

쿠션의 입사각과 반사각

|1| 원칙

공이 쿠션으로 향해서 가는 각도를 입사각이라고 말하고 쿠션에서 튀어서 되돌아오는 각도를 반사각이라고 말한다. 이 원칙은 거울 면에 광선이 부딪쳐서 반사하는 것과 같이 수구의 중심을 쳐서 쿠션에 넣으면 입사각과 반사각은 완전히 똑같아 진다. 즉, 쿠션에 맞은 점을 정점으로 한 2등변 3각형이 생기는 것이다.

공을 쿠션에 넣은 경우, 입사각에 대한 반사각은

* 힘 가감
* 당점
* 비틀기의 거는 법

등으로 달라진다.

초심자는 먼저 긴 쿠션이 있는 포인트를 향해 중심치기로 쳐서 수구가 정확하게 포인트에 들어가도록 연습하기 바란다.

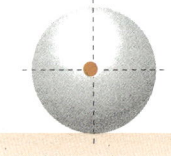

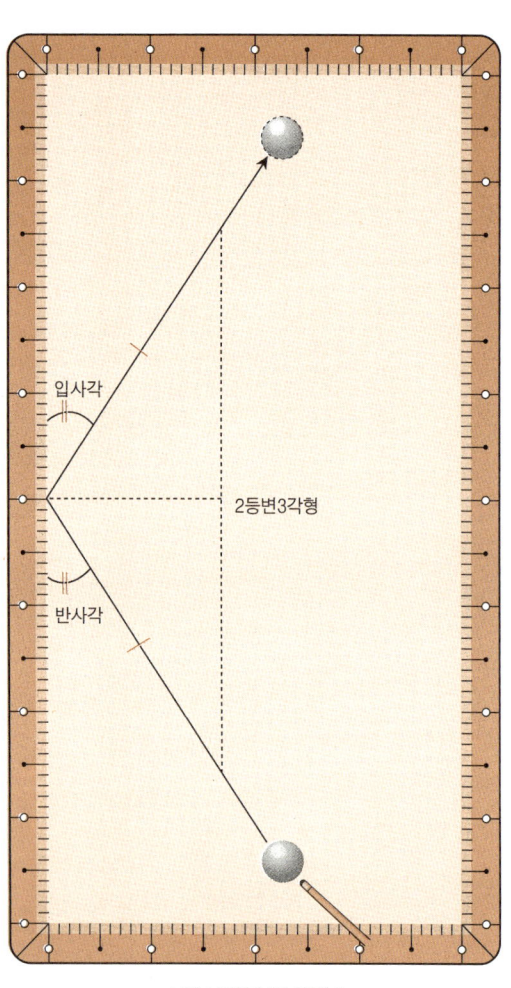

〈 입사각과 반사각 〉

| 2 | **중심 밑 부분을 쳤을 경우**

　보통의 힘 가감으로 중심 및 중심 위를 쳤을 경우는 입사각과 반사각은 같지만 중심 밑 부분을 쳐서 쿠션에 넣은 경우는 중심치기의 반사각보다 안쪽에 커브 한다.

　이 커브는 밑을 치면 칠수록 강하게 안쪽으로 구부러진다. 이것은 공 밑 부분을 치면 조금 활주하고 다음에 진행 방향과는 반대의 회전운동을 하고 있는 상태일 때 쿠션에 맞기 때문이다.

　중심 밑을 칠 때에도 힘 가감으로 쿠션의 반사각이 변화하므로 연습을 통해서 그 감각을 파악하도록 하기 바란다.

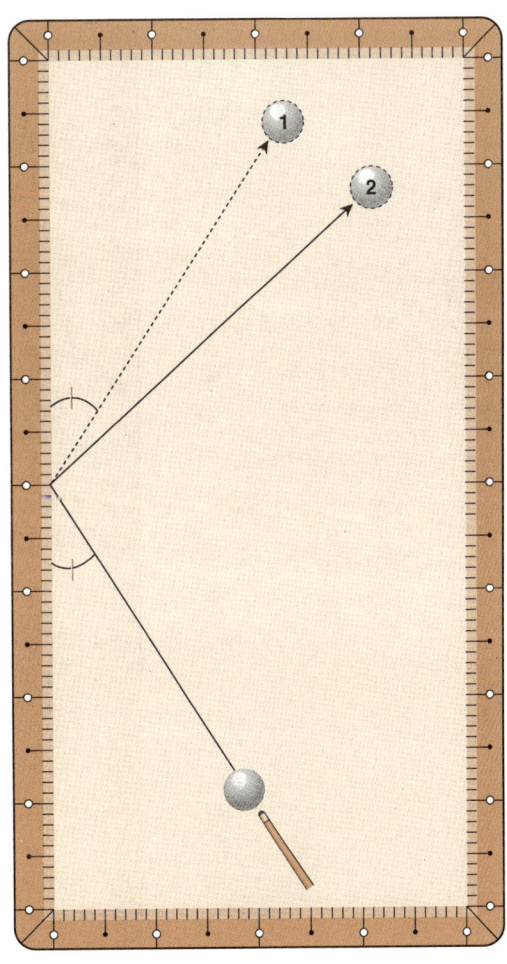

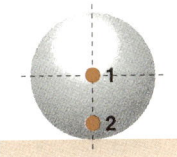

〈 중심 및 중심 밑부분을 쳤을 때의 반사각 〉

| 3 | 순 비틀기와 역비틀기의 반사각의 차이

비틀기에는 순 비틀기(오른쪽 비틀기)와 역비틀기(왼쪽 비틀기)에 있어 역비틀기를 걸어서 쿠션에 넣었을 때에는 중심치기를 했을 때 반사각보다 안쪽으로 진행한다.

순 비틀기를 했을 때에는 중심치기의 반사각보다 바깥쪽의 진로를 취해서 반사한다.

이것은 옆을 치는 것으로 공에 전진회전이 가해져 옆 회전의 힘이 덧붙여지기 때문이다.

비틀기는 쿠션에 들어가는 각도가 직각에 가까울수록 큰 차가 나온다.

끌어치기와 마찬가지로 힘 가감으로 변화하므로 강약을 붙여서 연습하여 보자.

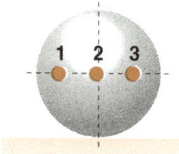

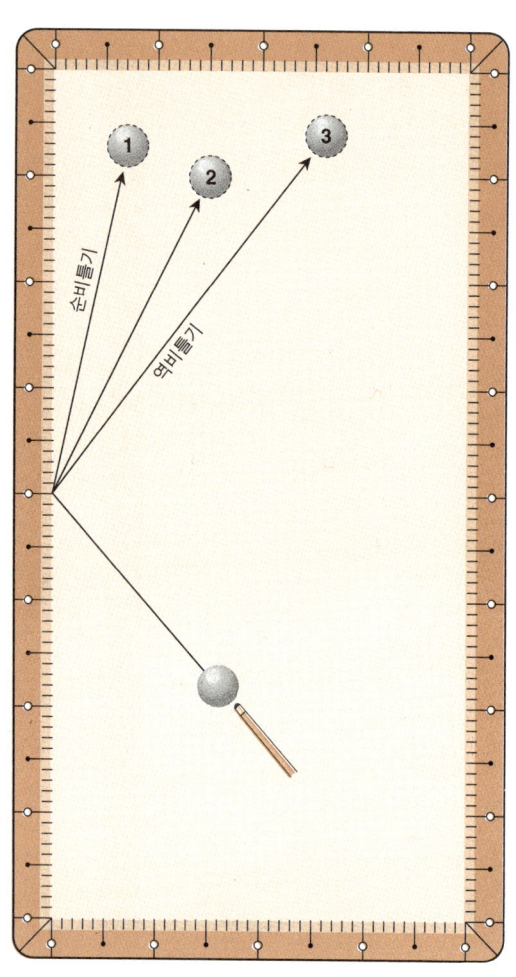

〈 순비틀기와 역비틀기의 반사각 차이 〉

제3장
기본 테크닉

초급 테크닉은 이지 볼부터

중급 테크닉

초급 테크닉은 이지 볼부터

마침내 실전을 향한 연습의 개시이다.

수구를 2개 이상의 적구에 맞히면 득점된다는 것이 캐롬 경기의 원칙이다. 득점을 목표로 하여 치게 되는 것을 『타구 법』이라고 말한다.

여기에서는 초심자가 연습할 수 있는 쉬운 타구 법을 도해한다.

3각구(이지 볼)의 겨냥법과 타구 법

수구, 제1적구, 제2적구의 3개의 공이 3각형의 모양으로 배열되어 있을 때 각도는 다르지만 가장 치기 쉬운 상태이다.

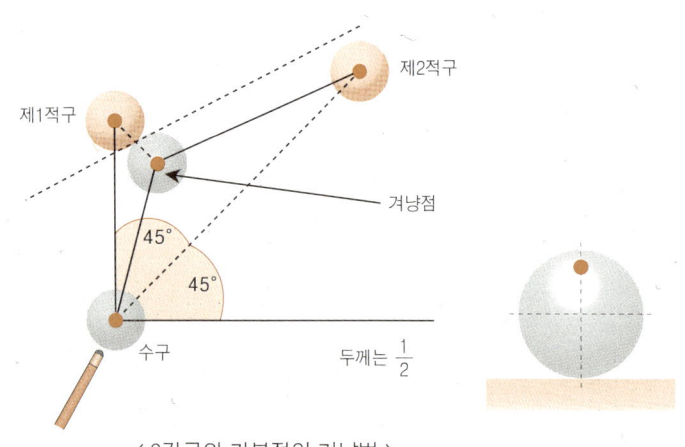

〈 3각구의 기본적인 겨냥법 〉

초심자는 먼저 수구와 제1적구의 중심을 연결한 선에 대해 45°의 선상에 제2적구를 놓고 연습하기 바란다.

당점은 중심 위치기로 두께는 2분의 1이다. 두께의 변화에 의한 겨냥점은 앞에서 설명한 바와 같이 공의 접촉점과는 달라진다.

앞 페이지의 그림의 경우, 겨냥점은 제1적구와 제2적구의 끝을 연결한 선에 직각이 되도록 제1적구의 중심에서 선을 긋고, 공의 반경분 바깥의 점이 겨냥점이 된다.

이 겨냥점은 실제로 공에 표시를 할 수 없으므로 머릿속에서 상상을 하면서 치도록 하기 바란다.

먼저 아주 가까운 이지 볼부터 연습하여 타구법의 감각을 배운 다음 조금씩 거리를 늘려 간다.

정확하게 중심 위를 치면 거리가 길어져도 진로는 변하지 않는다. 또 정확하게 2분의 1의 두께를 걸어 겨냥점을 향해서 깔끔하게 큐를 치는 연습을 몇 번이고 반복하기 바란다.

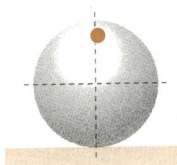
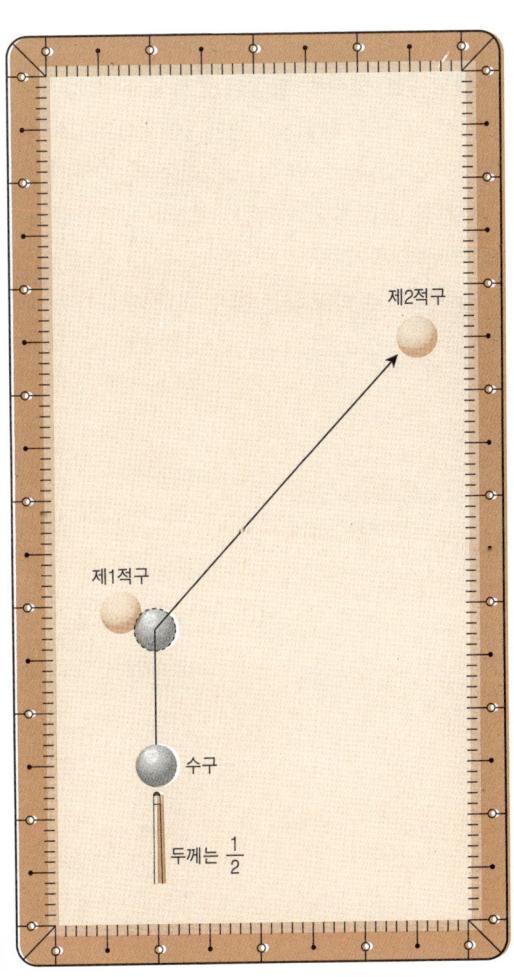

〈 3각구의 겨냥법(거리가 먼 경우) 〉

밀어치기의 겨냥법과 타구 법

수구를 제1적구에 맞혀서 그 적구를 밀어 제치고 수구를 제2적구로 진행시키는 타구 법을 『밀어치기 타구』라고 한다.

아래 그림은 간단한 밀어치기의 겨냥점과 타구 법을 도해한 것이다. 밀어치기의 겨냥점은 제1적구와 제2적구의 중심을 연결한 선과, 수구와, 제1적구의 중심을 연결한 선의 연장선과의 정점을 2등분한 선이 제1적구의 외연부와 교차하는 점이다. 이 겨냥점을 향해서 정확하게 큐를 내밀어 수구를 달리게 한다. 초심자의 경우, 수구와 적구가 포개지는 부분이 2분의 1이상이 되는 밀어치기에서는 흔히 두 번 치기를 범하기 쉽다. 두 번 치기는 리쿠 라고 하여 반칙이 된다.

주의할 것은 수구와 제1, 제2적구가 직선에 가까운 상태로 배열되어 있을 경우, 제1적구가 제2적구를 피해서 분리해 갈 수 없게 되어 제2적구에 맞아 버리게 되므로 밀어치기로 타구하는 것은 절대로 불가능하다는 것이다.

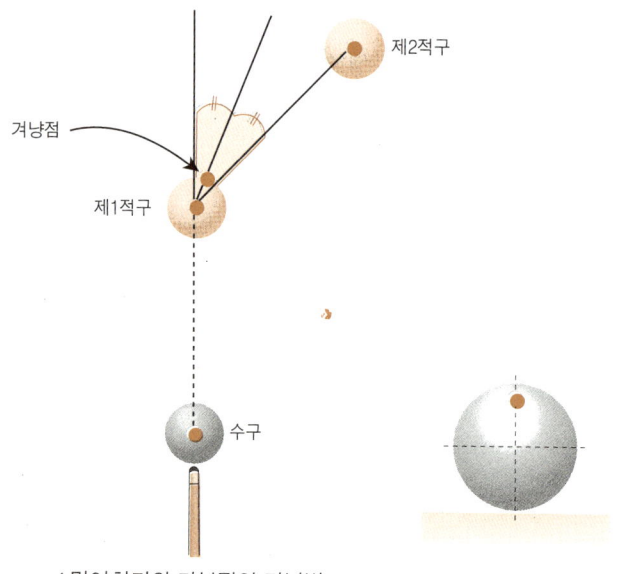

〈 밀어치기의 기본적인 겨냥법 〉

초심자가 밀어치기를 연습하기 시작했을 때에는 아무래도 적구끼리 부딪쳐 버리는 경우가 많은 것 같다.

처음에는 될 수 있는 대로 큰 각도로 연습하는 것이 좋다. 차차 밀어치기의 요령을 알게 되면 각도를 작게 해 간다. 처음 단계에서는 중심 위치기로 연습하기 바란다. 적구가 수구에서 먼 경우는 역시 중심 위치기가 적합하지만 익숙해지면 중심 밑 치기의 밀어치기를 연습해 보자.

적구가 멀리 있을 때에는 수구의 중심 밑을 쳐 역회전에서 전진회전으로 변화시켜 적구에 맞히면 보다 정확하게 밀어치기를 할 수 있다.

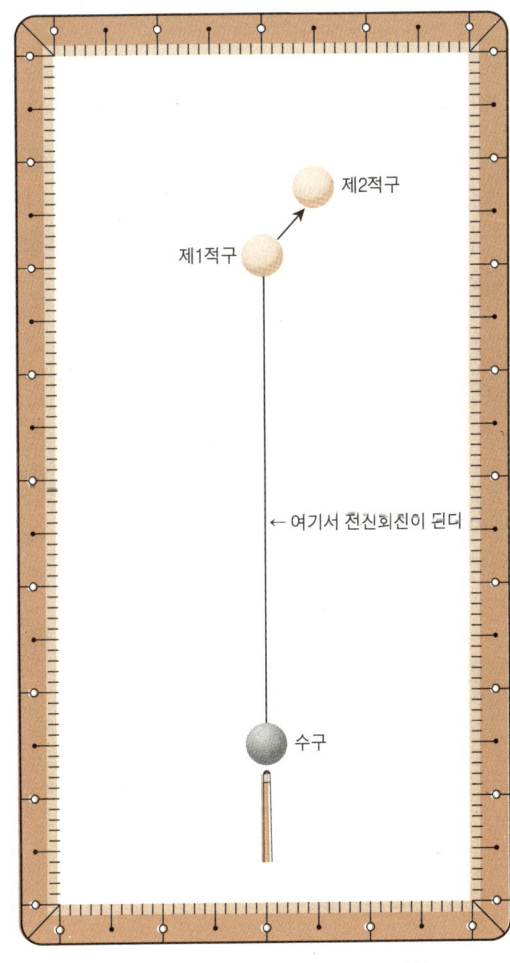
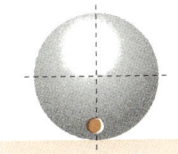

〈 밀어치기의 겨냥법(거리가 먼 경우) 〉

끌어치기의 겨냥법과 타구 법

『끌어치기』는 수구의 중심 밑을 쳐 공이 역회전하면서 전방에 진행하고 있는 중에 제1적구에 맞고 그대로 수구가 제2적구까지 되돌아와서 맞는 공의 타구법이다.

끌어치기가 초심자에게는 어렵다고 말하지만 연습만 충분히 하면 간단한 끌어치기는 곧 할 수 있게 된다.

먼저 아래 그림과 같이 수구와 적구를 배치한다. 3개의 공의 중심을 선으로 연결하고 그 정점에서 2등분한 선이 제1적구의 끝과 접하는 점이 겨냥점이다.

그러나 처음에는 제1적구의 끝에서 약간 안쪽을 겨냥점으로 하여 연습하는 편이 끌어치기를 하기 쉬운 것 같다. 그 까닭은 끝을 겨냥점으로 하면 적구에 수구가 포개지는 부분이 얇아지므로 미스 샷을 일으키기 쉽기 때문이다.

끌어치기를 연습할 때는 브리지를 낮게 하고 부드러운 레스트로 쳐내고 스냅을 살려서 치도록 한다.

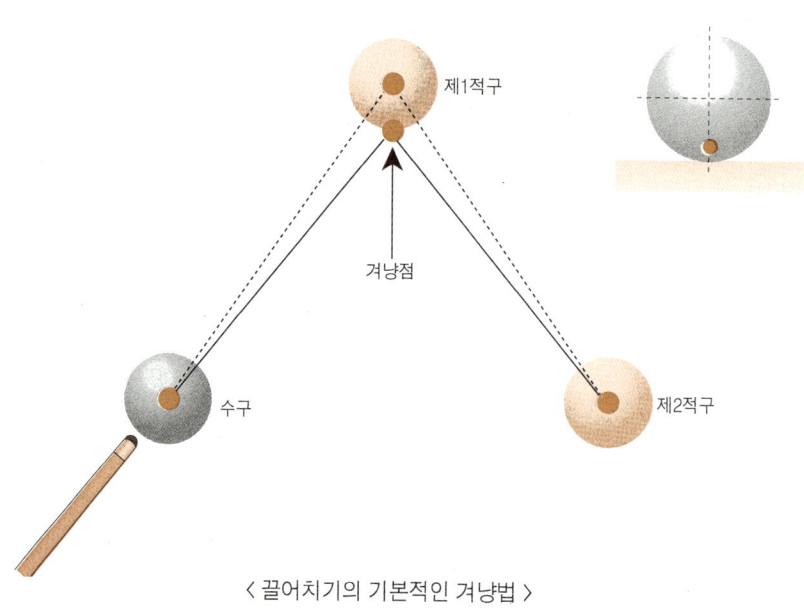

〈 끌어치기의 기본적인 겨냥법 〉

잘 될 때까지 반복하여 연습하는 것이 필요하다.

끌어치기의 기본은 수구의 중심 밑을 쳐서 적구의 중심에 맞히면 수구가 똑바로 되돌아오는 것 같은 타구법이다.

아래 그림과 같이 먼저 적구 1개만을 놓고 수구가 정확하게 되돌아오도록 연습하기 바란다.

정확하게 되돌아오게 되면 다음에는 수구의 앞쪽에 제2적구를 놓고 수구와 제1, 제2적구가 일직선으로 배열된 상태에서 연습한다.

수구가 제2적구와 너무 가깝게 있으면 칠 수 없으므로 치기 쉽게 떼어 놓도록 하자.

힘을 지나치게 넣는다든지 큐 밑둥이 지나치게 올라가서 극단적으로 밑을 치면 실패의 원인이 된다.

수구의 중심에서 아주 조금 밑을 치더라도 공은 역회전 한다.

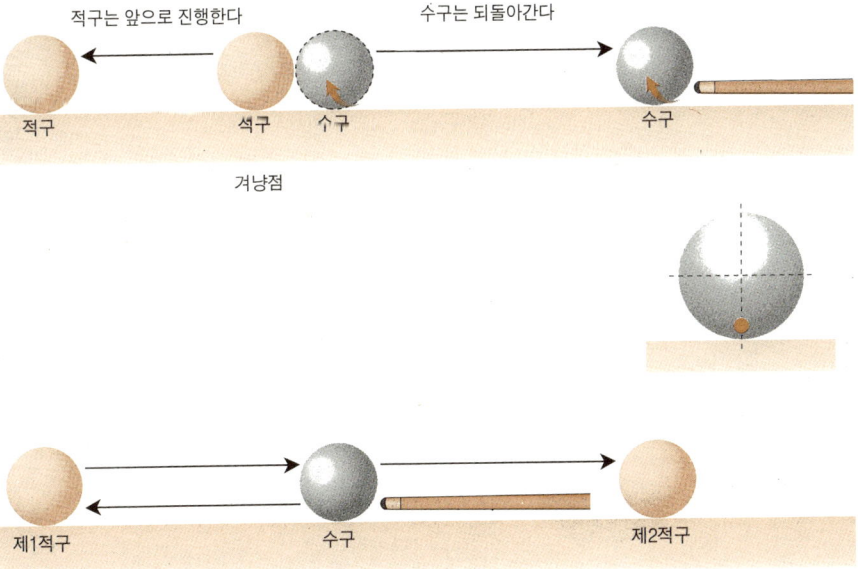

〈 끌어치기의 기본 〉

끌어치기의 연습

초심자를 위한 끌어치기의 연습을 위한 공의 배치를 그림으로 설명한다.

|1| 제2적구가 멀리 있을 때

이때는 중심 밑을 친다. 두께는 2분의 1이다. 정확하게 넣으면 수구는 곧바로 옆으로 진행한다. 되도록 강하게 치는 것이 요령이다.

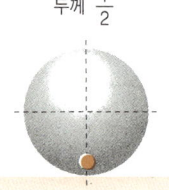

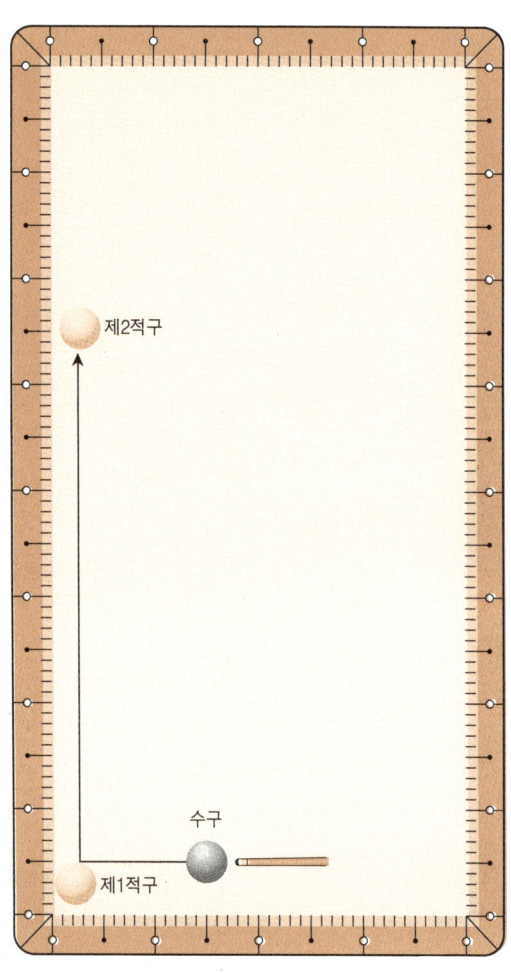

〈 끌어치기의 연습(제2적구가 멀리 있을 때) 〉

| 2 | 순 비틀기를 가해서 끌어칠 때

끌어치기를 하려면 중심 밑뿐 아니라 좌우 밑을 쳐낸 다음 비틀기를 걸어서 끌어치기를 하는 경우가 종종 있다. 순 비틀기를 가해서 끌어치면 수구는 보통의 끌어치기보다 큰 각도로 끌어치기가 된다. 또 비틀기를 걸어서 제1적구에 맞추고 쿠션에 넣은 경우 쿠션에 들어간 후의 반사도 급각도가 되어 맞히기 쉽게 된다.

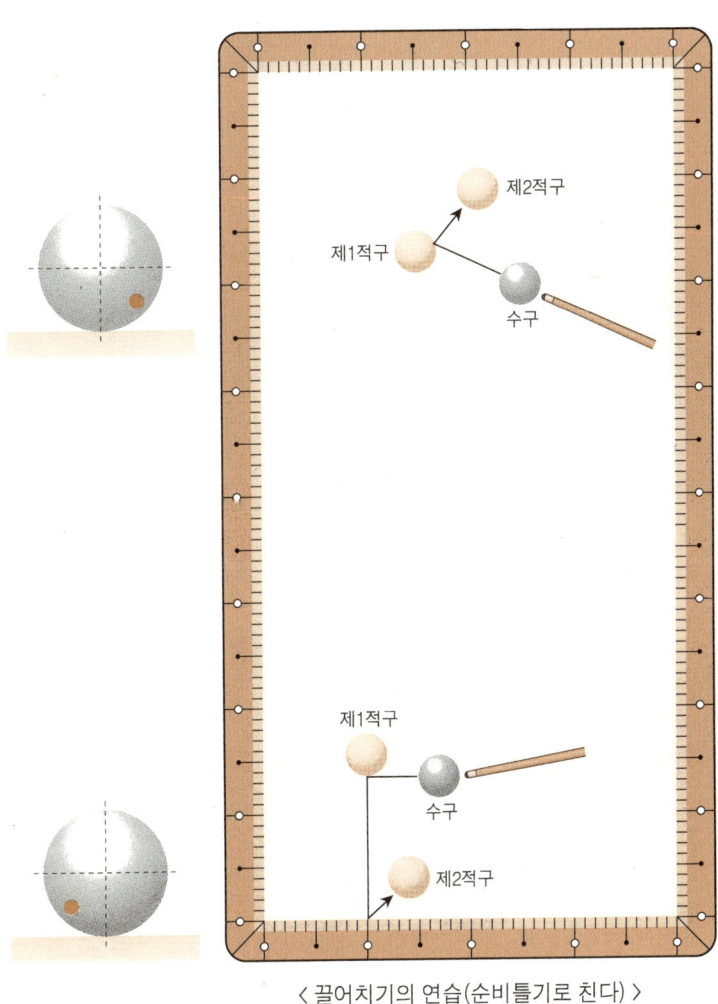

〈 끌어치기의 연습(순비틀기로 친다) 〉

|3| 역비틀기를 하여 끌어칠 때

수구와 적구가 너무 접근하고 있을 때에는 역비틀기의 끌어치기를 사용한다. 그렇게 하면 두 번 치기에 위험을 피할 수 있다.

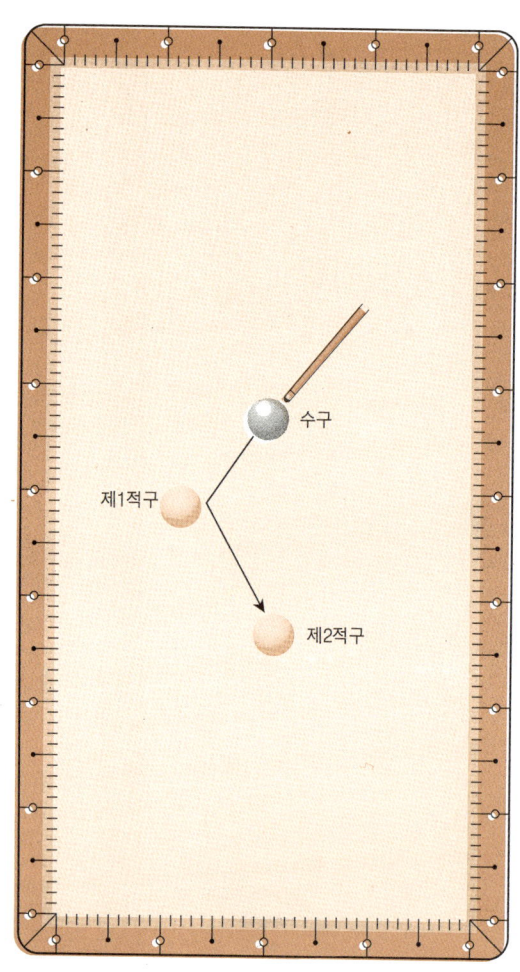

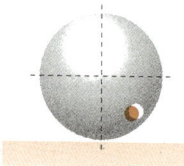

〈 끌어치기의 연습(역비틀기로 친다) 〉

얇게 치기의 겨냥법과 타구 법

수구와 제1적구, 제2적구의 중심을 연결하는 선이 거의 직선에 가까운 상태일 때에 수구를 제1적구에 얇게 맞혀서 제2적구로 향하게 하는 타구 법을 『얇게 치기』라고 한다. 얇게 치기의 타구 법은 어렵고 정확한 샷을 하지 않으면 두껍게 맞아 버려 수구가 올바른 코스를 취할 수 없다.

초심자는 먼저 아래 그림과 같은 배치의 공을 놓고 연습하기 바란다. 겨냥 법은 수구와 제1적구의 끝과 끝이 아주 조금 포개지도록 선을 긋고 제1적구의 옆에 또 다른 1개의 보이지 않는 공이 있다고 가정하여 그 중심을 향해서 수구를 쳐 낸다.

이때는 수구의 중심 밑을 친다. 중심 밑 치기를 하는 것은 샷의 혼란을 피하기 위해서이다. 이것은 곧 역진 운동으로 인하여 적구에 두껍게 맞는 것을 방지할 수가 있다.

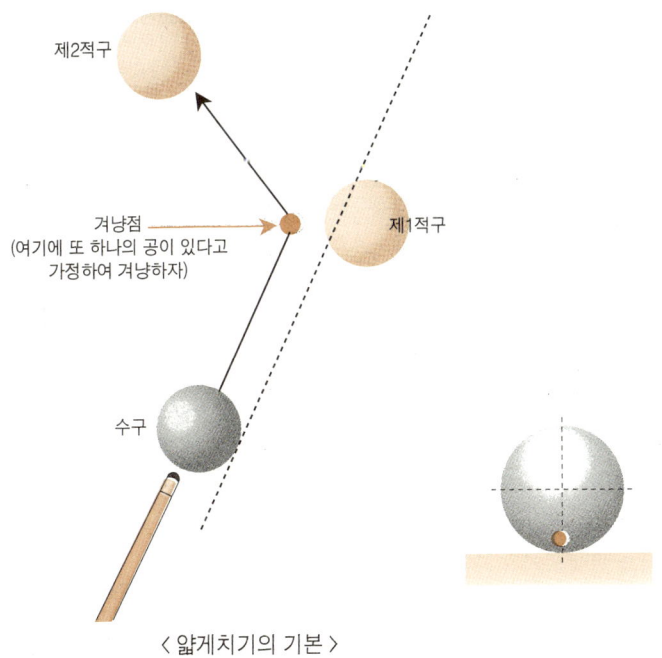

〈 얇게치기의 기본 〉

제1적구와 제2적구 사이에 거리가 있을 경우는 얇게 치기가 아니더라도 다른 타구 법으로 할 수 있지만 실전 상 필요한 테크닉이므로 연습하여 마스터하기 바란다.

아래 그림은 얇게 치기와 두께를 걸어서 제1적구에 맞히고 쿠션 시키는 타구 법을 비교한 것이다. 실제로 해보면 알 수 있지만 쿠션에 넣는 편이 수월하고 확실하다. 그러나 가까이에 쿠션이 없는 경우 얇게 치기가 아니면 칠 수 없는 경우도 나온다. 그런 이유에서도 초심자는 기초연습 단계에서 몇 번이고 반복 연습하기 바란다. 얇게 치기를 소화하게 되면 초심자도 상당한 득점을 얻는 것이 가능하게 된다.

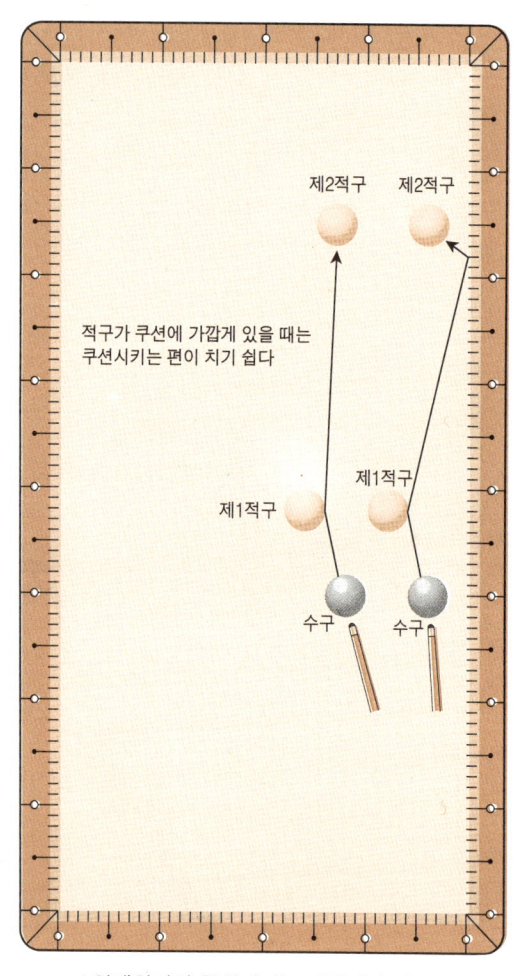

〈 얇게치기와 쿠션시키는 타구법의 비교 〉

비틀어 치기의 타구 법

당구공은 오른쪽 옆을 치면 우회전, 왼쪽 옆을 치면 좌회전을 하면서 진행한다. 이 회전을 주는 것 같이 의도하여 공을 치는 것을 『비틀기를 준다(잉글리시를 준다)』라고 한다.

비틀기를 주면 공이 적구에 맞았을 때나 쿠션에 들어갔을 때 분리 각이나 반사각이 통상의 중심치기와는 달리 독특한 진로로 진행한다. 그 때문에 밀어치기나 끌어치기로는 아무래도 칠 수 없는 배치의 적구인 경우 이 비틀어 치기가 유효하게 된다.

비틀기에는 순비틀기와 역비틀기가 있다. 이것은 수구를 건너편 오른쪽으로 분리, 반사시키고 싶을 때에 수구의 오른쪽을 치면 순비틀기, 수구의 왼쪽을 치면 역비틀기가 된다. 왼쪽으로 분리 반사시킬 때에는 이 반대가 된다.

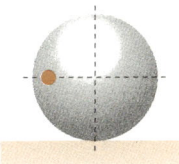

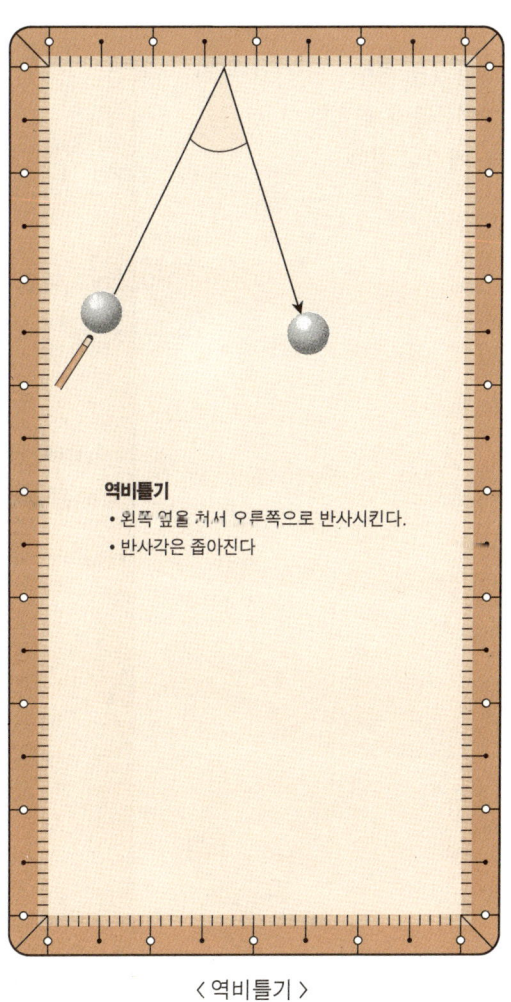

역비틀기
• 왼쪽 옆을 쳐서 오른쪽으로 반사시킨다.
• 반사각은 좁아진다

〈 역비틀기 〉

비틀어 치기의 변화는 수구를 순 비틀기 역비틀기로 쿠션에 넣어서 외운다. 순 비틀기로 쿠션에 넣으면 공은 보다 넓은 각으로 반사한다. 역비틀기로는 반사각은 좁고 예각으로 반사한다.

또 비틀기는 공의 끝에 보다 가까운 부분을 칠수록 강한 비틀기가 걸리고 중심에 가까워지면 약한 비틀기가 된다.

이것도 실제로 쿠션을 넣고 쳐보면 잘 알 수 있다. 강하게 비틀었을 경우는 반사각은 커진다. 약하게 비틀면 반사각은 예각이 된다.

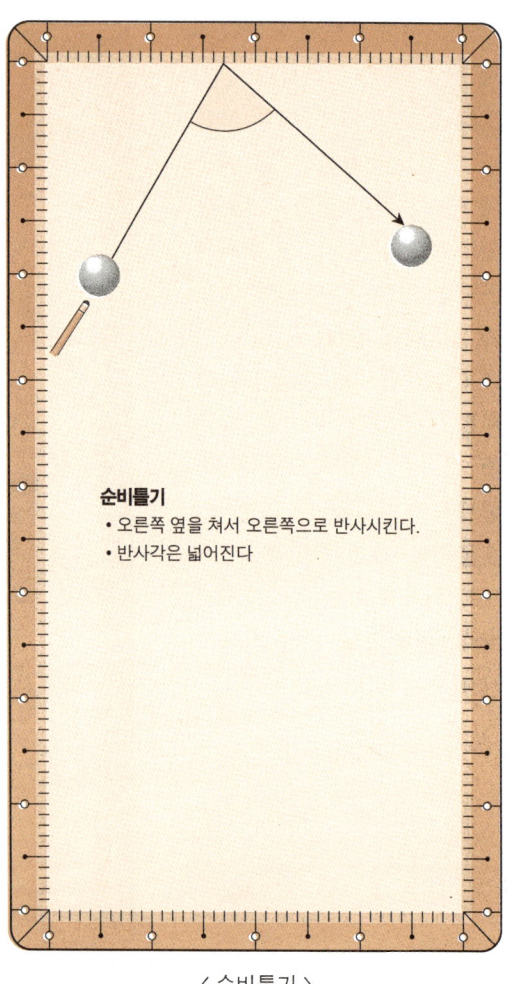

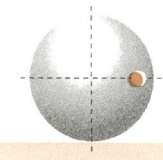

〈 순비틀기 〉

순 비틀기로 강약을 붙이든지 역비틀기로 강약을 붙여서 친다든지 하여 여러 가지 타구 법으로 연습해보자.
다음 페이지에 있는 그림의 연습을 응용하면 그 다음 페이지의 그림과 같은 공의 배치일 때, 비틀어 치기를 사용하면 비교적 간단하게 칠 수 있다.
그러나, 초심자의 경우는 힘 가감을 알지 못하고 또 강하게 비틀 것인가, 약하게 비틀 것인가를 경험부족으로 모르기 때문에 이배치로 여러 가지를 연습하기 바란다.

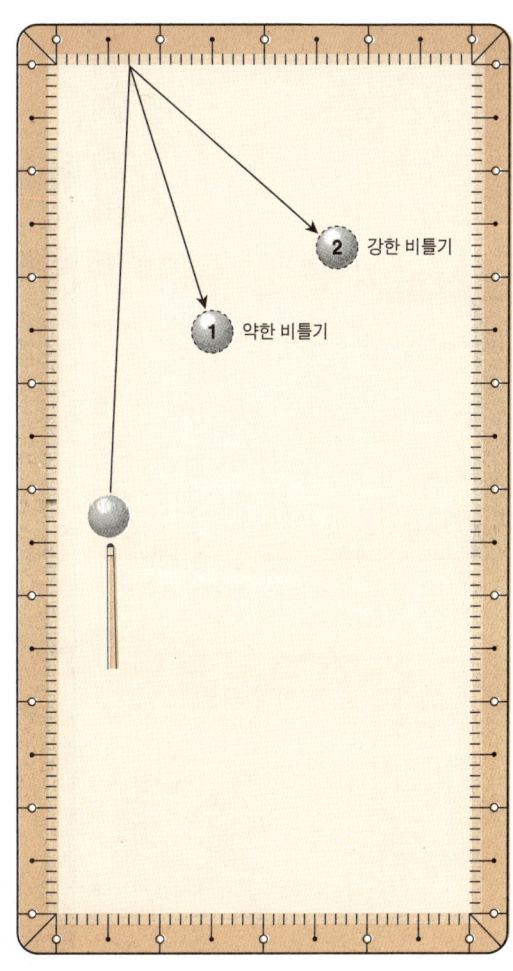

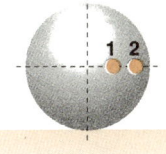

〈 비틀기의 강약 〉

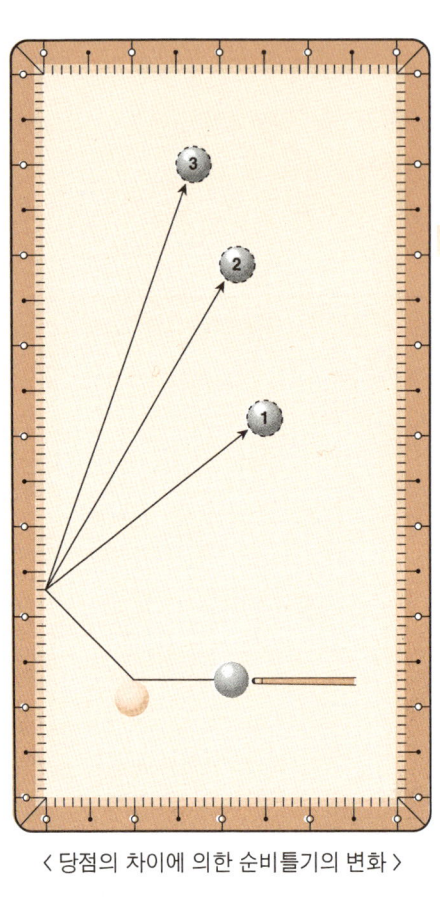

〈 당점의 차이에 의한 순비틀기의 변화 〉

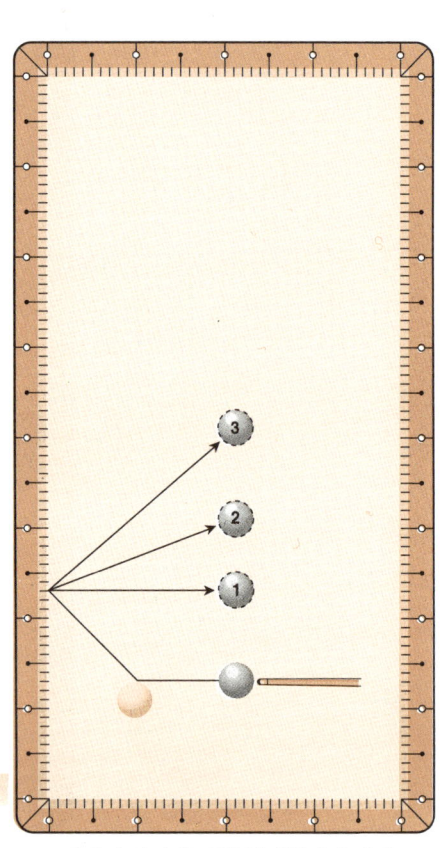

〈 당점의 차이에 의한 역비틀기의 변화 〉

그림에서는 같은 오른쪽 옆 위의 당점에서 각각 순 비틀기와 역비틀기를 걸어서 치고 있다.

순 비틀기에서는 제1적구에 맞은 다음의 분리 각이 크게 쿠션에 들어간다.

적구에 맞고 쿠션에 들어가는 포인트는 비틀기에 의해서 크게 변화하므로 이것도 연습을 통해 경험을 쌓아가기 바란다.

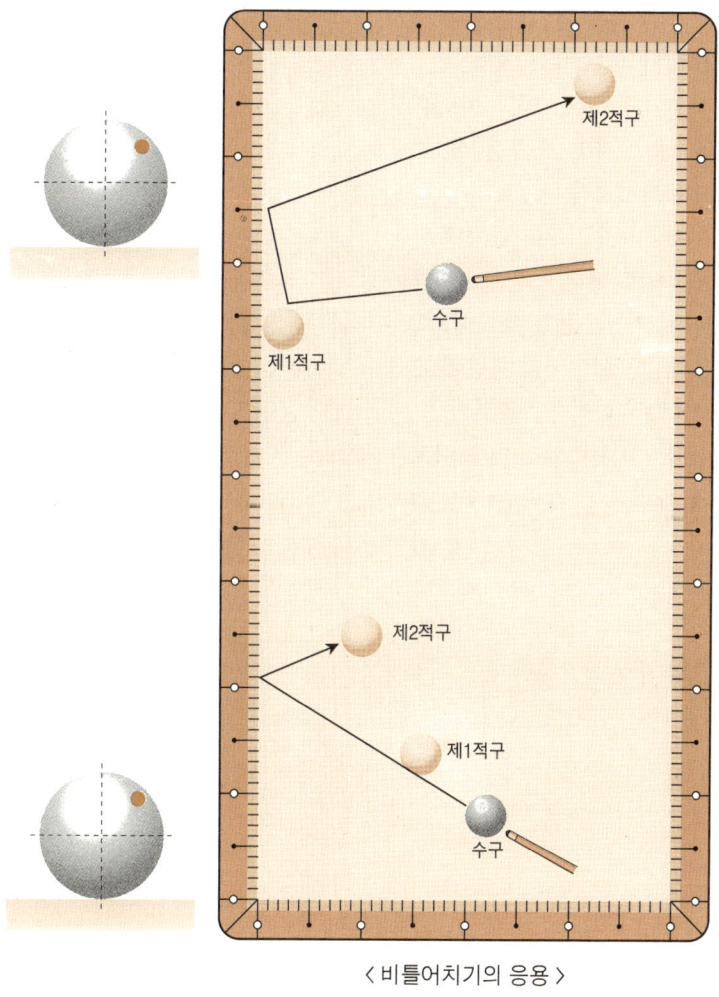

〈 비틀어치기의 응용 〉

마중 나오기 치기의 타구 법

제1적구와 제2적구가 쿠션에 접근하고 있어서 얇게 치기로도 칠 수 없는 경우에 유효한 것이 『마중 나오기 치기』이다.

이것은 수구를 제1적구에 맞히고 그 제1적구가 제2적구에 맞고 제2적구가 쿠션에 들어가 튀어서 되돌아 왔을 때에 수구와 맞붙게 하는 공의 타구법이다.

초심자에게는 약간 어려운 타구법이지만 요령을 한 번 외우면 비교적 간단하다.

마중 나오기 치기란 접촉한 공이 서로 반대의 회전이 된다는 원리를 응용한 것이다. 즉 우회전으로 수구를 치면 맞은 적구는 좌회전을 시작한다.

따라서 왼쪽에서 마중 나오게 하려고 생각하면 수구의 왼쪽을, 오른쪽에서 마중 나오게 하려면 수구의 오른쪽을 쳐주기 바란다. 큐 끝은 제2적구의 중심을 겨냥한다.

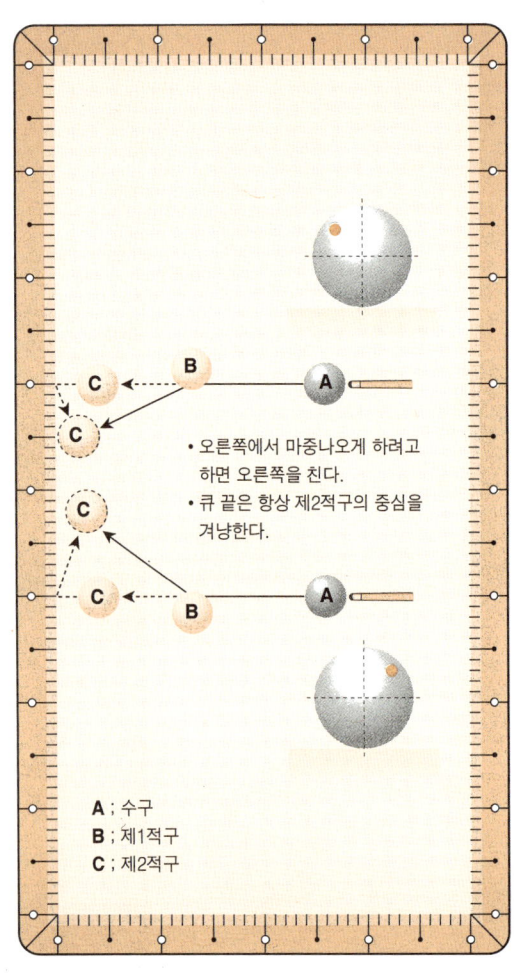

〈 마중나오기 치기의 겨냥법 〉

마중 나오기 치기에서는 수구와 적구 2개가 일직선으로 배열되어 있을 때나 제1, 제2적구가 쿠션에 밀착되어 있는 경우를 제외하고 우선 가능하다고 생각하여 연습하기 바란다.

일직선으로 배열되어 있을 경우는 쿠션과 제2적구 사이의 제1적구와 제2적구의 사이가 공의 직경 이상 벌어져 있는 경우에 한해서 마중 나오기 치기가 가능하게 된다.

마중 나오기 치기로 칠 수 있는지 어떤지의 판단은 초심자에게는 어려운 일이지만 전술한 바와 같이 쿠션 가까이에 적구 2개가 있고 일직선으로 배열되어 있지 않으면 대체로 칠 수 있다.

여러 가지 배치로 적구와 수구를 배열하여 쳐 보자. 우상치기, 또는 좌상치기가 마중 나오기 치기의 타구법이다.

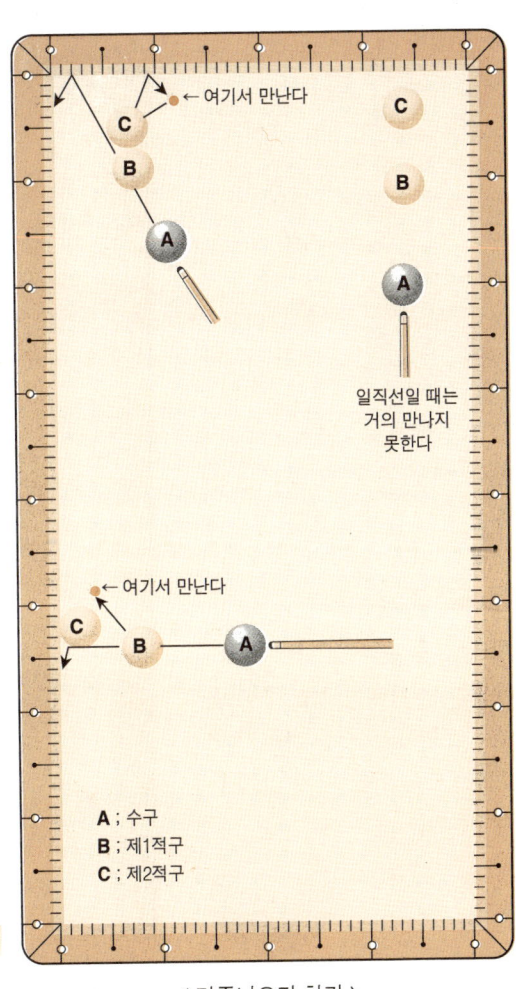

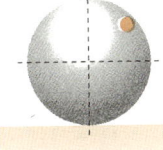

〈 마중나오기 치기 〉

걸쳐 치기의 타구 법

수구를 먼저 쿠션에 넣고 제1적구에 가볍게 걸치는 기분으로 맞히고 제2적구에 맞히는 타구 법을 『걸쳐 치기』라고 말한다. 이 타구 법은 초심자에게는 어려운 타구법이지만 공의 배치에 따라서는 걸쳐 치기 이외로는 칠 수 없는 경우도 있다.

걸쳐 치기에 있어서 주의해야 할 점이 세 가지 있다.

> 첫째는 쿠션의 어느 포인트에 수구를 넣는가
> 둘째는 쿠션에서의 반사각의 계산과 두께의 계산
> 셋째는 제1적구에서 제2적구로 향하는 수구의 진로 예측이다.

그 중에서도 제1적구에 어떤 두께로 수구를 맞히는가 하는 것이 특히 중요하다.

먼저 아래 그림과 같은 공의 배치로 연습해 보기 바란다. 당점은 왼쪽 옆 위이다. 순비틀기가 가해지므로 쿠션에 넣는 포인트는 중심 위치기의 포인트보다 약간 자기 앞쪽을 겨냥한다.

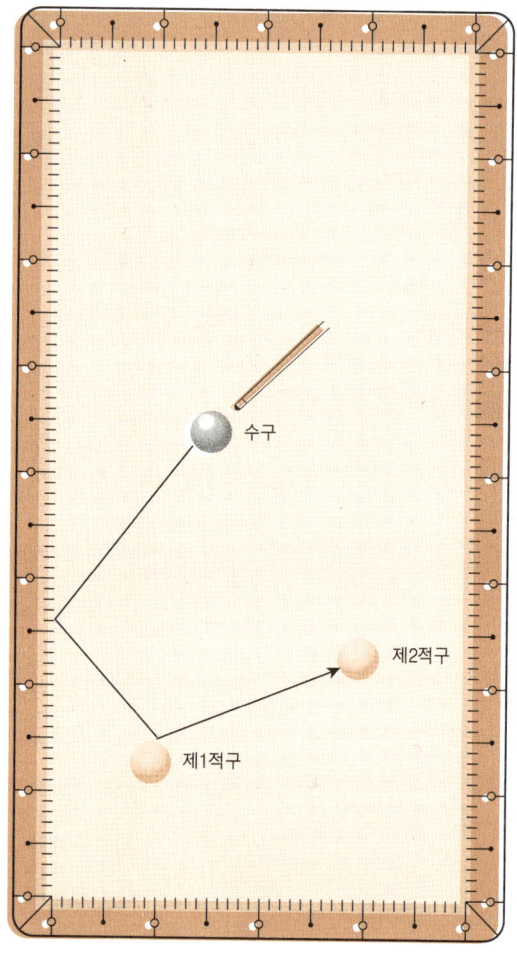

〈 걸쳐치기의 기본적인 겨냥법 〉

걸쳐 치기에서는 힘 가감에 의해서도 반사각이 미묘하게 달라지므로 먼저 보통의 힘으로 쳐서 연습하기 바란다.

다음에 설명하는 되받아치기로 칠 수 없는 경우에 걸쳐 치기이면 칠 수 있는 경우가 있다.

공의 배열을 잘 보고 제2적구의 위치와 거리를 계산하여 걸쳐 치기로 하느냐, 되받아치기로 하느냐를 판단하는데 초심자에게는 무리라고 생각되므로 기초연습으로 하는 법만을 연습하여 외워 두기 바란다.

여기에서는 좌우의 위치기만을 그림으로 설명했는데 좌우의 밑 치기로 걸치는 경우도 있다.

순 비틀기, 역비틀기의 입·반사각의 차이를 머릿속에 그리면서 치도록 하자.

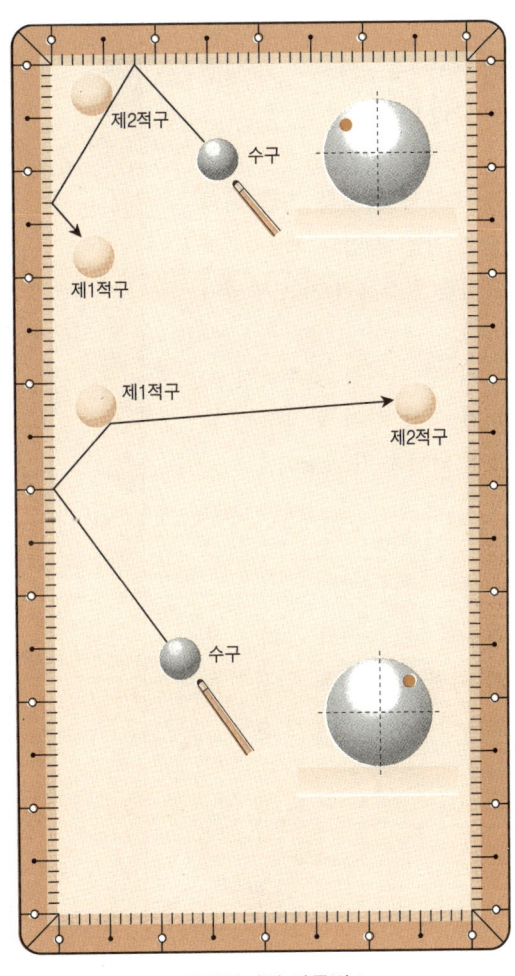

〈 걸쳐치기의 타구법 〉

되받아치기의 타구 법

『되받아치기』는 제1적구가 쿠션 가까이에 있을 때에 수구를 제1적구에 맞힌 다음 쿠션에 넣고 제2적구에 맞히는 타구법이다.

되받아치기의 경우, 제2적구의 위치가 수구와 제1적구를 연결한 선에 대해 어떤 각도로 위치하고 있는 가가 중요하게 된다. 그것에 의해 제1적구 수구의 두께와 당점이 달라진다.

되받아치기를 연습할 때에는 수구의 위치를 조금 비켜 놓고 치는 방법과 제2적구의 위치를 변경시켜 치는 방법이 있다.

이 두 가지를 맞추어서 수구가 쿠션 하여 반사하는 각도를 외워 두기 바란다.

이 두 가지 방법에 공통된 것이지만 어느 쪽도 당점의 변화로 반사각을 변화시키는 경우와 제1적구의 두께로 분리 각을 변화시켜 입사각을 달라지게 하는 경우가 있다.

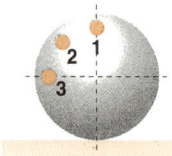
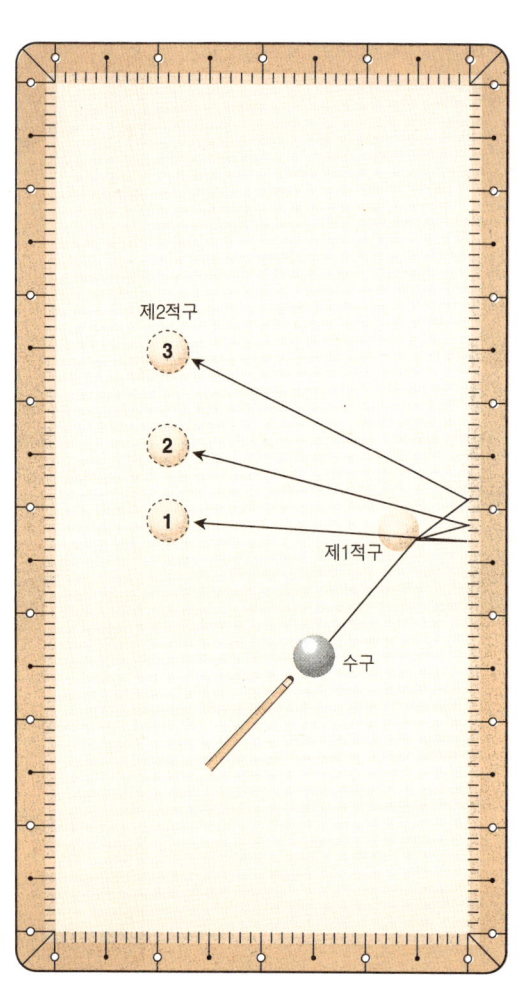

〈 되받아치기의 기본적인 겨냥법 〉

되받아치기에서 주의해야 할 것은 적구 2개가 접근하고 있는 경우로 수구가 제2적구에 맞기 전에 제1적구가 제2적구에 맞아버리는 것이다.

되받아치기는 보통 제1적구의 오른쪽을 맞힐 때는 수구의 왼쪽을 쳐서 좌 비틀기를 건다. 좌측을 겨냥할 때는 반대로 우측을 친다.

되받아치기를 터득하면 실전에서 강력한 무기가 되는 응용의 범위가 넓은 테크닉이다.

여러 가지 장면을 상정하여 연습하기 바란다.

제2적구가 아무리 떨어져 있어도 되받아치기를 잘 사용하면 흥겹도록 간단하게 칠 수 있다.

연속득점에 연결되는 타구법이므로 특히 기초 연습이 필요하다.

당점이나 두께를 변화시키면서 수구를 컨트롤하기 바란다.

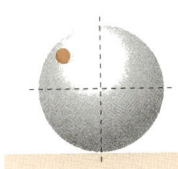

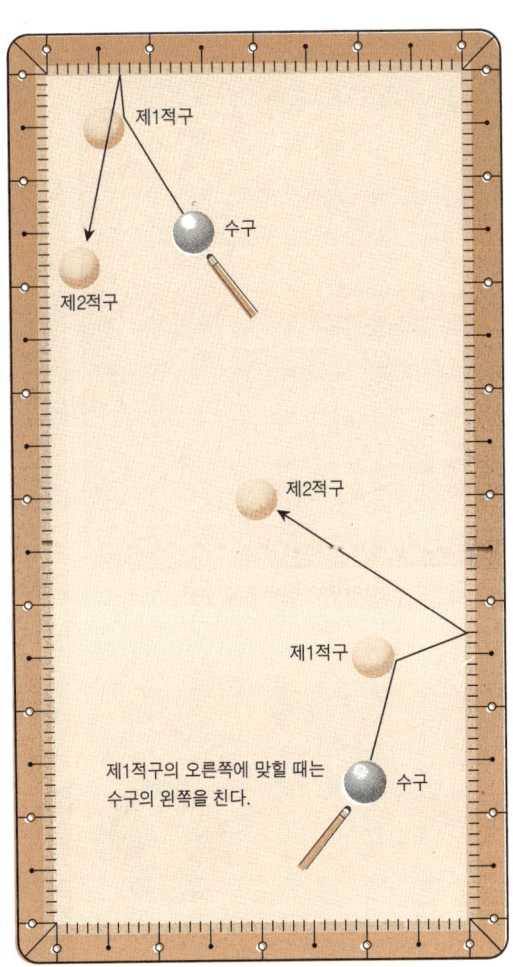

〈 되받아치기의 타구법 〉

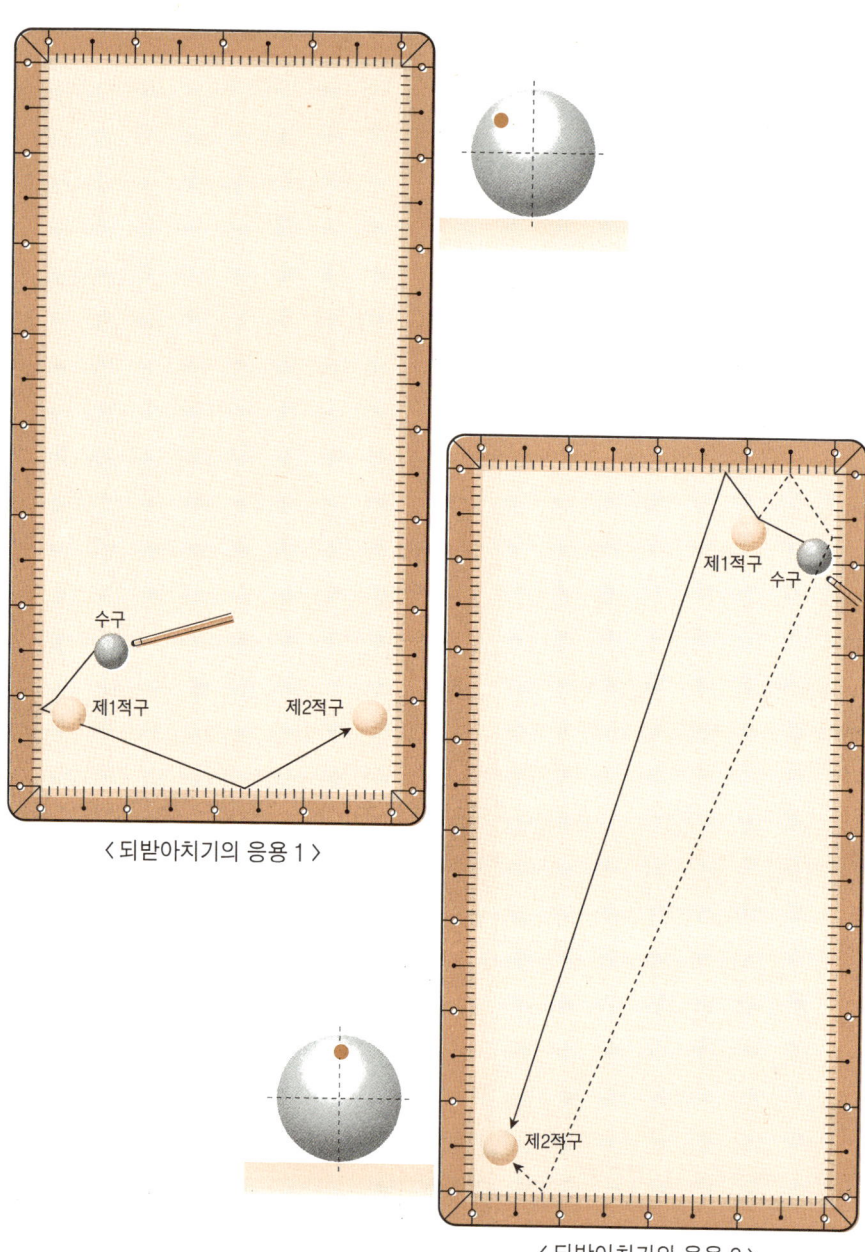

〈 되받아치기의 응용 1 〉

〈 되받아치기의 응용 2 〉

되받아치기의 응용

앞 페이지 그림 위는 되받아치기 이외의 것으로는 칠 수 없는 공의 배치이다.
그림 아래는 점선과 같이 공을 크게 돌려서 칠 수 있지만 되받아치기로 치는 것이 간단하다.

아래 그림은 비교적 고도의 되받아치기의 방법이다. 어느 쪽도 쿠션에 2회, 3회씩 수구를 맞혀서 되받아치는 방법인데 초심자에게는 어렵다고 생각하지만 이런 경우에도 되받아치기가 유효하다는 것을 외워 두기 바란다.

2개의 적구가 쿠션에 접근하고 있을 때에는 우선 되받아치기로 칠 수 없는가를 생각하도록 습관을 붙여 두면 좋을 것이다.

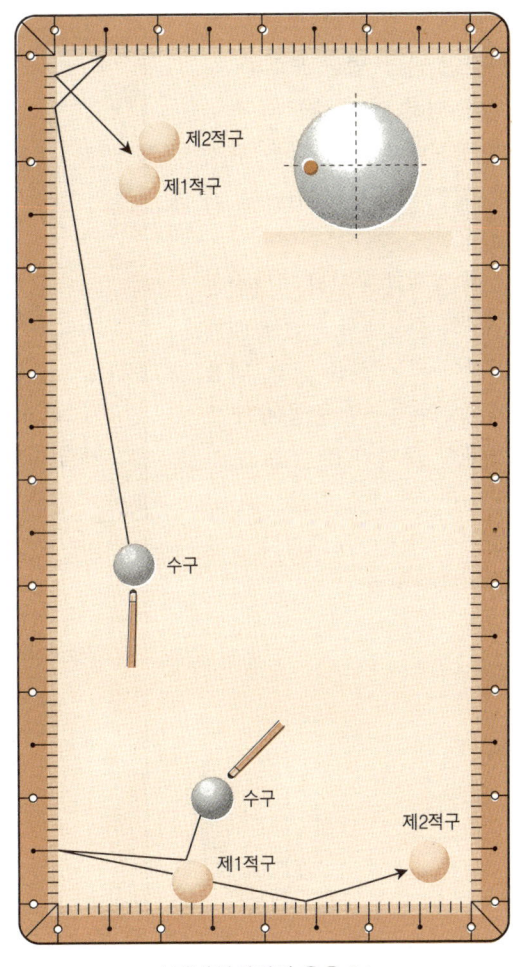
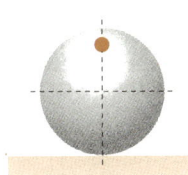

〈 되받아치기의 응용 3 〉

빈 쿠션의 타구 법

수구를 한 번 쿠션에 넣고 다음에 제1, 제2적구에 맞히는 타구 법을 『빈 쿠션 타구』라고 말한다. 빈 쿠션 타구의 기본은 수구의 중심을 쳐서 쿠션에 들어가면 입사각과 반사각은 동등하다는 원리이다. 빈 쿠션은 그 성격상, 응용이 가능한 실전형 테크닉이라고 말할 수 있다.

아래 그림은 빈 쿠션의 기본적인 타구 법을 도해한 것이다. 먼저 쉽고, 수구와 적구가 쿠션에서 거의 같은 위치에 있는 상태부터 연습을 해 보자.

이 경우의 쿠션의 겨냥점은 수구의 중심에서 쿠션에 대해 직각이 되는 선을 긋고, 다음에 2개의 적구의 중심(수구를 그곳에 가져가고 싶은 포인트)에서 쿠션에 직각으로 선을 긋는다. 이 두 개의 선을 2등분한 점이 겨냥점이다.

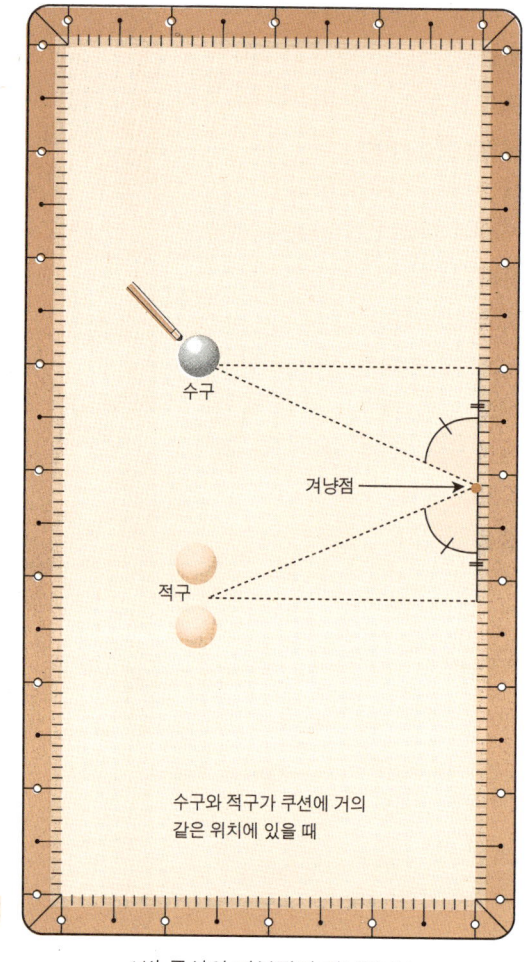

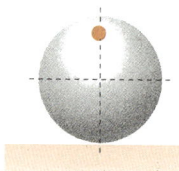

〈 빈 쿠션의 기본적인 겨냥법 1 〉

치는 법은 공의 중심, 중심 위, 중심 밑을 친다. 좌우를 치면 비틀기가 생겨서 반사각이 입사각과 동등하게 되지 않는다.

다음에 수구의 위치가 적구보다도 멀리 있는 경우를 상정해 보자.

아래 그림과 같은 공의 배치의 경우, 단순하게 중간점을 찾아도 공은 칠 수 없다.

이런 경우는 먼저 2개의 적구의 중심에서 쿠션에 대해 직각으로 선을 긋는다.

그 선을 그대로 바깥으로 연장하여 적구의 중심에서 쿠션까지의 거리만큼 연장한다.

이 점과 수구의 중심을 연결하여 쿠션과 교차한 점이 쿠션의 겨냥점이다.

당점은 마찬가지로 중심, 중심 위, 중심 밑이다. 다만 주의할 것은 수구를 쿠션에 넣었을 때의 입사각은 정확하게 반사각과 같지는 않고 약간 자기 앞쪽에 반사하는 경우가 많으므로 아주 조금만 적구에 접근한 포인트를 겨냥하도록 하기 바란다.

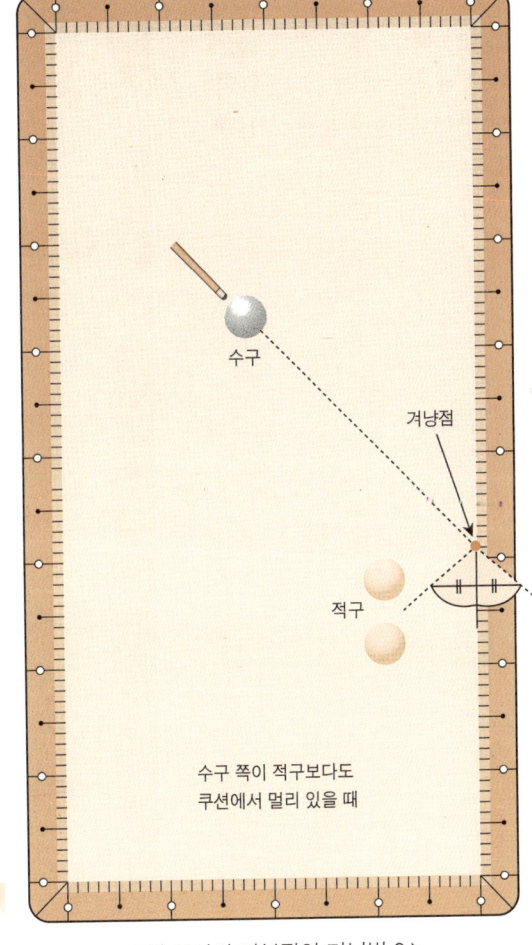

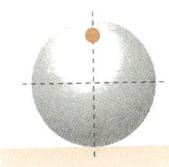

〈 빈 쿠션의 기본적인 겨냥법 2 〉

또 쿠션에 수구를 넣을 때에는 힘 가감도 크게 영향을 준다. 보통의 힘으로 쳤을 때보다 강한 힘으로 치는 편이 반사각이 커지고 반대로 약하게 치면 반사각이 작아진다.

| 1 | 빈 쿠션의 응용

다음 그림과 같이 적구와 수구가 일직선으로 나란히 있는 경우에도 빈 쿠션을 넣어서 치면 간단하게 칠 수 있다. 빈 쿠션은 응용범위가 넓은 테크닉이다.

〈 빈 쿠션의 응용 1 〉

| 2 | 빈 쿠션의 응용

빈 쿠션에는 한 번만 쿠션에 넣고 치는 방법 외에 두 번 쿠션에 넣은 다음 적구 2개에 맞히는 방법이다. 한 번 쿠션에 넣고 제1적구를 맞히고 또 쿠션에 넣어서 제2적구를 겨냥하는 타구법 등 여러 가지 응용 테크닉이 있다.

적구 2개를 접근시켜서 빈 쿠션 타구를 연습한 다음에 적구를 조금 떼어서 치는 연습도 해보기 바란다.

그림은 중심치기가 아니라 공에 비틀기를 걸어서 반사각을 조정하는 빈 쿠션의 고급 테크닉의 일례이다. 이러한 테크닉은 스리쿠션 경기에서 많이 사용된다.

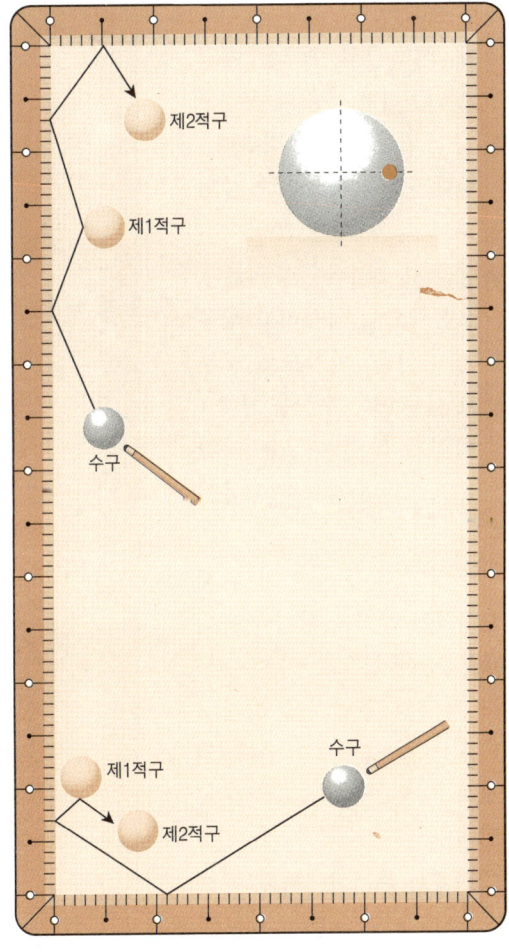

〈 빈 쿠션의 응용 2 〉

공 쿠션의 타구 법

제1적구가 쿠션에 접촉하고 있는 프로즌의 상태이거나 약간 떨어져 있을 때에 그 제1적구를 쿠션 대신으로 사용하여 제2적구에 맞히는 타구 법이 『공 쿠션』이다.

공 쿠션에서는 견고한 공을 쿠션 대신에 사용하므로 되도록 두껍게 적구에 맞힐 필요가 있다. 또 힘 가감도 대단히 중요하다.

제1적구에서 수구를 예각으로 되돌리고 싶을 때는 수구의 중심 밑을 쳐 주기 바란다.

반대가 되도록 둔각으로 되돌리고 싶을 때는 우상이나 좌상을 쳐서 역비틀기를 건다.

오른쪽으로 구부리고 싶을 때는 좌상을, 왼쪽으로 구부리고 싶을 때는 우상을 친다.

이렇게 하면 수구는 약간 커브하면서 둔각으로 되돌아 온다.

쿠션 효과를 높이기 위해 초심자는 강하게 치기 쉬운데 너무 강한 힘으로 치면 수구와 적구의 두께가 틀리거나 미스 샷을 일으키기 쉽다. 되도록 보통의 힘으로 치도록 하자.

실제의 플레이에서 공 쿠션은 그렇게 몇 번이고 사용하는 테크닉은 아니다.

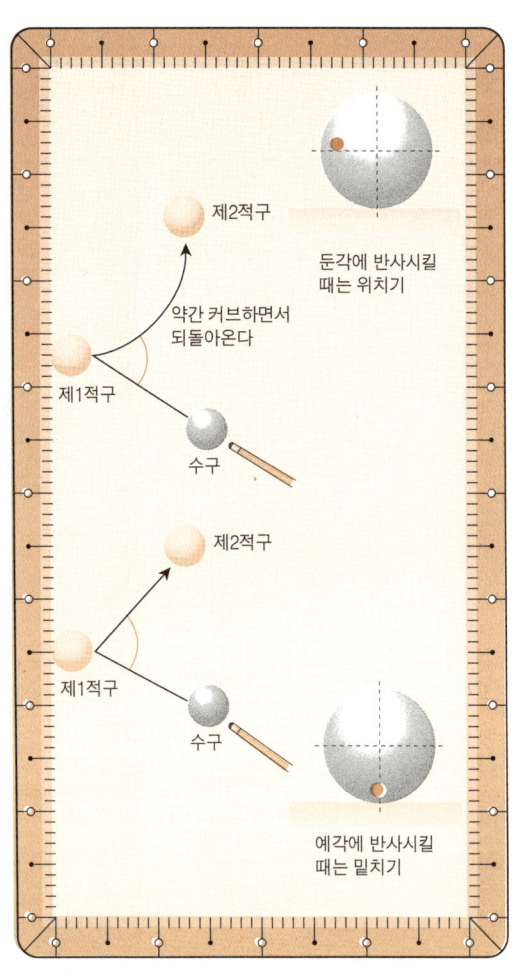

〈 공 쿠션의 기본적인 겨냥법 〉

마중 나오기 치기와 마찬가지로 다음 샷에서 편하게 칠 수 있는 공의 배치를 하기 위한 연계 테크닉이다. 그러나 연습에서 쿠션과 공 쿠션이 튀어서 되돌아오는 상태를 체험해 두는 것이 필요하다.

여러 가지 상태로 수구와 적구를 놓고 치는 연습을 하자. 수구를 끼고 2개의 적구가 일직선으로 나란히 서 있을 경우, 끌어치기와 마찬가지로 똑바로 되돌리면 되는데 정확하게 중심 밑 치기를 하여 적구의 중심에 맞히지 않으면 똑바로 되돌아오지 않고 구부러지므로 주의하기 바란다.

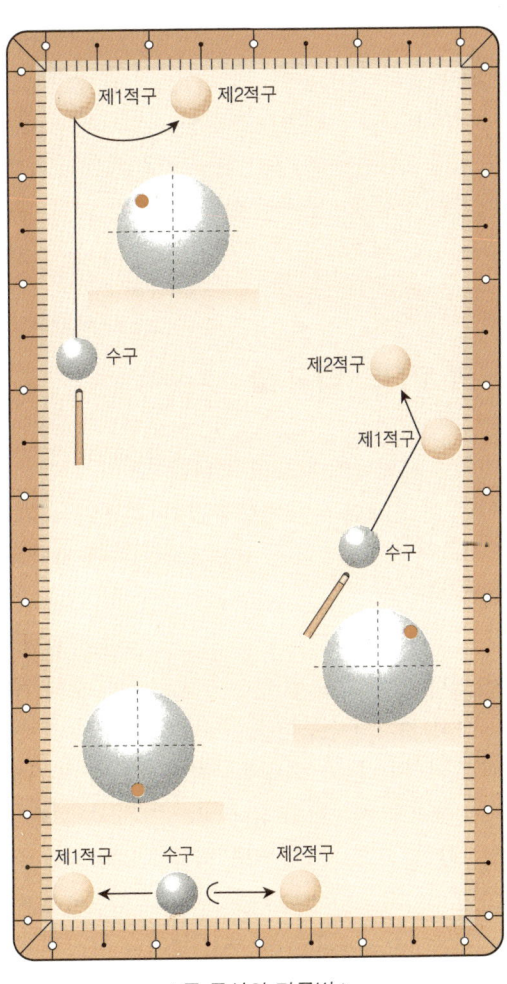

〈 공 쿠션의 타구법 〉

중급 테크닉

밀어치기나 끌어치기와 같이 직접 2개의 적구에 수구를 맞히는 방법을 마스터하면 다음은 쿠션을 이용한 타구 법을 외울 필요가 있다.

실전에서는 어떻게 쿠션을 사용하느냐에 따라 큰 차가 생긴다. 여기에서는 쿠션을 사용한 테크닉을 도해한다.

원 쿠션의 타구 법

초급 테크닉에서 도해한 되받아치기, 걸쳐 치기, 빈 쿠션 등도 쿠션 치기의 하나이다. 아래 그림은 가장 대중적인 『원 쿠션 치기』의 겨냥점을 찾는 방법이다.

제2적구의 중심에서 쿠션까지의 거리 분만큼 연장한 점과 제1적구의 중심을 연결한 선이 쿠션과 교차한 점이 겨냥점이다.

이 배치로는 제1적구에 수구를 맞혀서 끌어치기로 제2적구에 맞히는 방법도 할 수 있다. 그러나 한 번 쿠션에 넣는 편이 보다 확실하게 공을 칠 수 있다.

쿠션 치기의 연습은 수구와 제1적구의 위치를 고정시켜 당점을 변화하여 쳐 보면 효과적이다. 또 동시에 당점 두께도 여러 가지 변화시켜 쳐 보기 바란다.

비틀기를 걸어서 쿠션에 넣는 것은 보다 확실하게 수구의 진로를 설정하는 중요한 테크닉이다. 당점, 두께, 비틀기의 변화로 수구가 어떻게 변화하는가를 몸과 머리에 주입시키는 것이 필요하다. 적당히 연습을 하면 절대로 상급자가 될 수 없다.

세계선수권에서도 원 쿠션 경기는 공식종목에 들어가 있다. 이것은 2개의 적구에 맞을 때까지 적어도 1회는 쿠션에 넣지 않으면 득점이 되지 않는 경기이다.

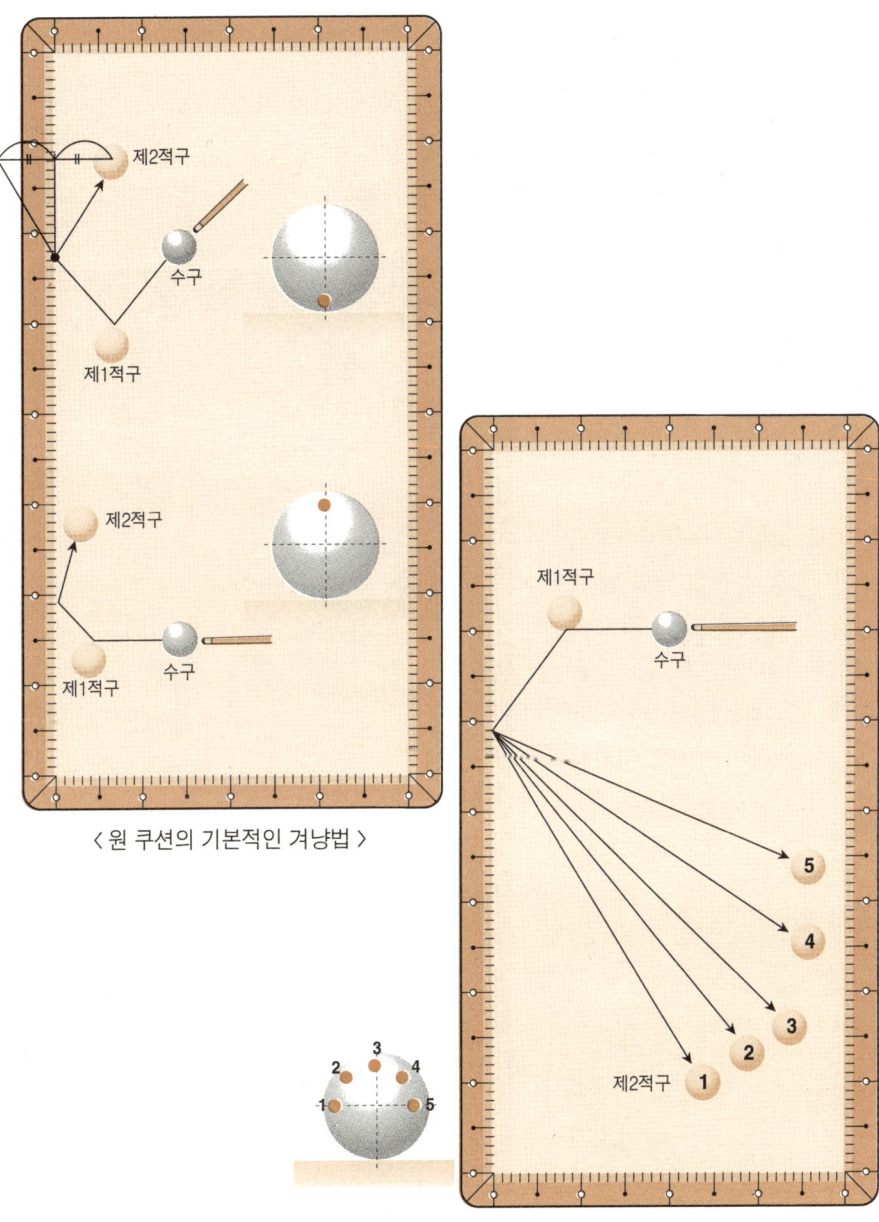

< 원 쿠션의 기본적인 겨냥법 >

< 원 쿠션 치기의 기본적인 겨냥법 >

투 쿠션의 타구 법

『투 쿠션 치기』나 『스리 쿠션 치기』를 총칭하여 『상자 치기』라고 부르는데 여기에서는 따로따로 도해한다.

투 쿠션 이상, 쿠션에 수구를 넣는 타구 법은 진로를 이미지 하는 것이 매우 어려워 경험과 거듭되는 연습이 필요하다. 수구는 쿠션에 들어갈 때마다 조금씩 미묘한 비틀기가 생긴다.

이 오차를 다 읽지 않으면 마음먹은 대로 코스를 달리게 할 수 없다.

다음 그림은 수구를 2분의 1 두께로 적구에 맞혔을 때 당점의 차이에 의한 코스의 차이를 나타낸 것이다. 같은 두께라도 쿠션을 두 번 사용하여 비틀기를 가하면 이렇게 큰 차가 나오는 것이다.

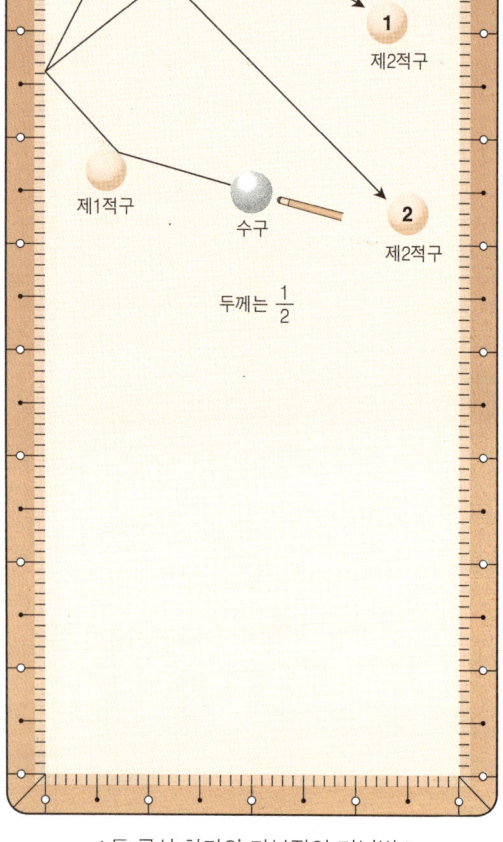

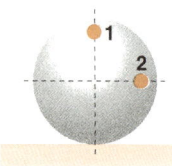

〈 투 쿠션 치기의 기본적인 겨냥법 〉

먼저 중심 위치기의 투 쿠션을 연습하고 입사각, 반사각의 계산대로 수구를 진행시키는 연습부터 시작하기 바란다.

치고 비틀기를 걸어서 투 쿠션을 넣는 연습을 한다.

원 쿠션으로도 무리하면 칠 수 있을 것 같은 위치에 적구가 있을 경우에도 투 쿠션 쪽이 보다 확실하다고 생각하면 투 쿠션으로 친다. 다음 그림은 그 한 예이다.

투 쿠션 치기는 공의 배치에 따라서 두께, 당점, 비틀기 등 모든 것을 계산하여 쳐야 한다. 오차의 수정도 필요하다.

투 쿠션 치기를 마스터 하는 데는 연습이외에 다른 방법은 없다. 여러 가지 경우를 상정하여 연습하기 바란다.

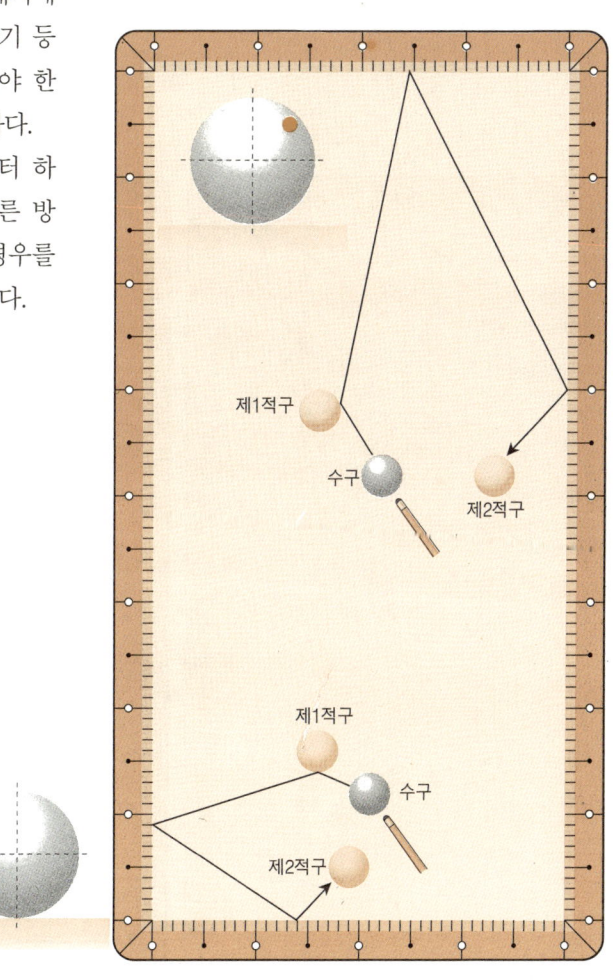

〈 투 쿠션 치기의 타구법 〉

투 쿠션 치기의 연습

① 제2적구의 위치를 여러 가지로 변화시켜 비틀기를 가해서 투 쿠션으로 연습해 보자.

② 그림은 흰 공부터 맞혀서 긴 쿠션으로 넣는 원 쿠션 치기도 된다. 이 배치의 공은 투 쿠션 치기로 하려면 수구의 밑을 쳐서 끌어치기로 쿠션에 넣는데 두께를 변화시켜서 연습해 보자.

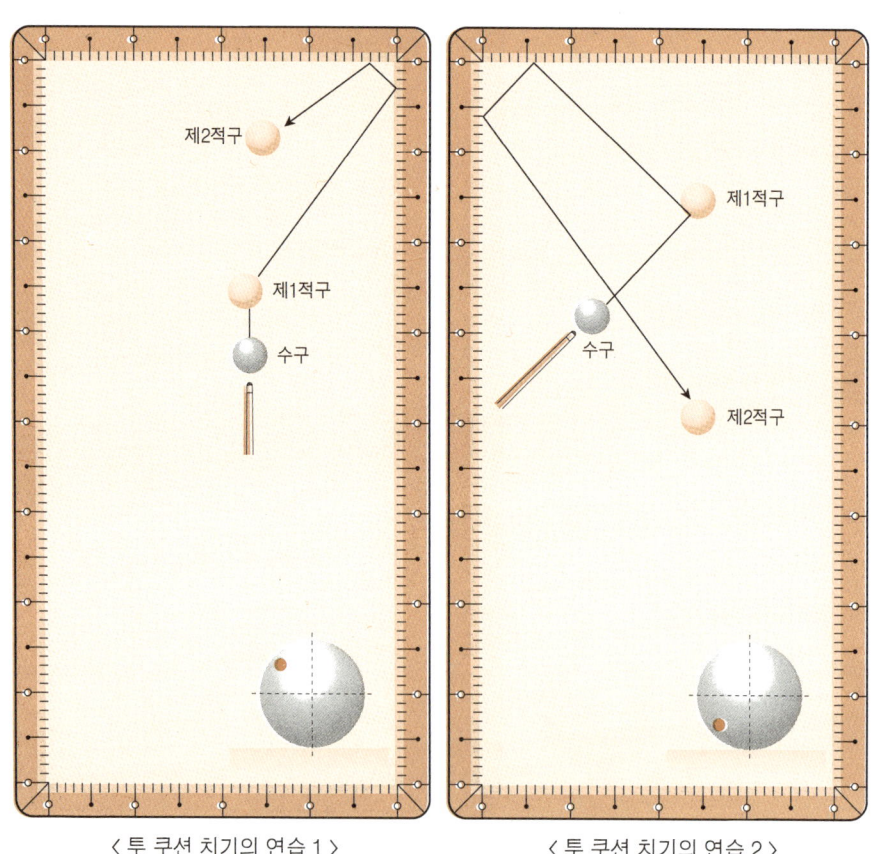

〈 투 쿠션 치기의 연습 1 〉　　〈 투 쿠션 치기의 연습 2 〉

③ 그림과 같이 제1적구에 맞혀서 쿠션 시킨 수구를 예각으로 반사시키고 싶을 때 비틀기를 주지 않고 중심 위치기로 친다.
④ 그림과 같은 공의 배치는 원 쿠션으로 칠 수 있으나 투 쿠션 시키면 확실하게 득점이 된다. 제2적구가 코너 가까이에 있을 경우 직접 겨냥하기보다는 쿠션 시키는 편이 확실하다.

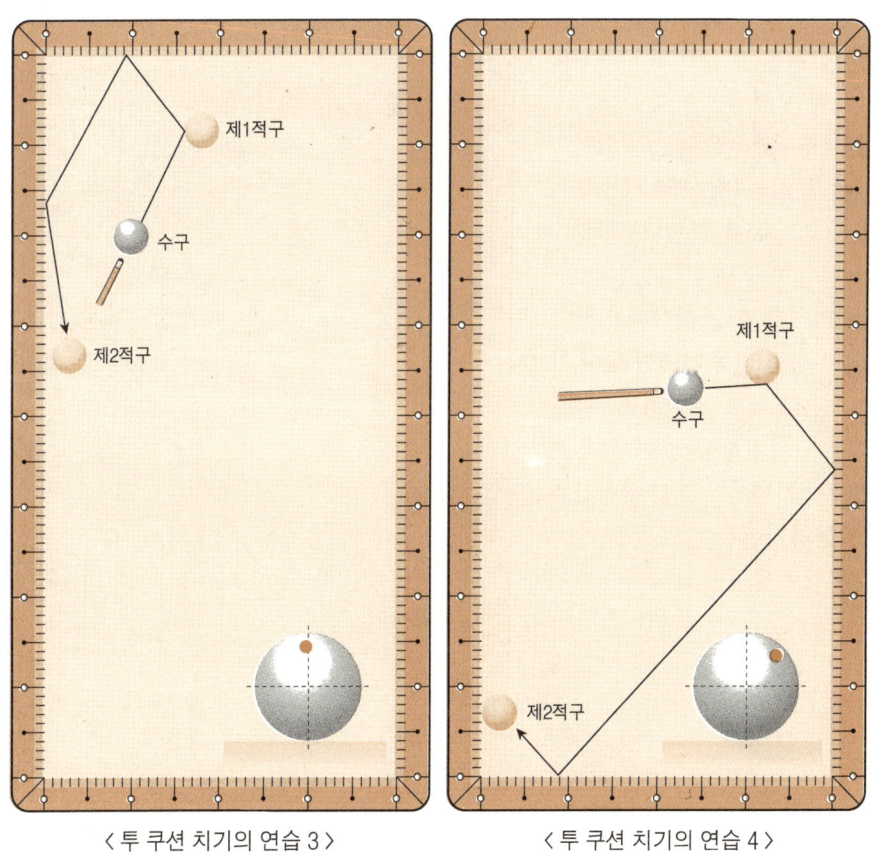

〈 투 쿠션 치기의 연습 3 〉　　　〈 투 쿠션 치기의 연습 4 〉

스리 쿠션의 타구 법

수구가 적구 2개에 맞기 전에 반드시 3회 이상은 쿠션에 넣어야 하는 스리 쿠션 경기는 매우 고도의 테크닉을 필요로 한다. 그 때문에 테이블의 포인트를 표적으로 한 여러 가지 시스템이 고안되고 있다.

그러나 그 시스템은 다음 상급 테크닉 편에서 설명하기로 하고 여기서는 4구 경기에도 응용할 수 있는 일반적인 『스리 쿠션 치기』를 그림으로 설명한다.

스리 쿠션에는 아래 그림과 같이 수구를 제1적구의 안쪽에서 돌리는(점선의 코스로 앞 돌리기라고 말한다) 방법과 바깥쪽에서 돌리는(실선의 코스로 뒷 돌리기라고 말한다) 방법의 두 가지가 있다.

그림과 같이 겨냥하는 제2적구가 위치하고 있는 경우, 앞 돌리기에서는 중심 위치기, 뒷 돌리기에서는 오른쪽 옆 위치기로 당점이 달라진다.

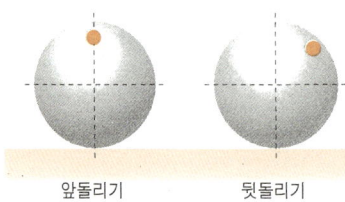

앞돌리기   뒷돌리기

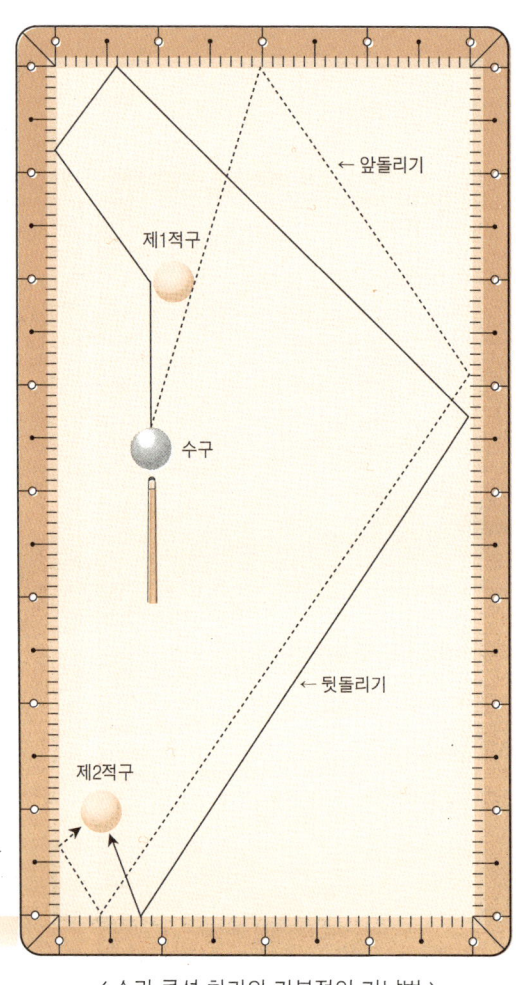

〈 스리 쿠션 치기의 기본적인 겨냥법 〉

어느 것이나 연습을 쌓고 경험을 깊게 하는 것 이외에는 실력 향상의 길은 없다.

또 어떠한 타구 법을 하는 경우에도 제1적구가 맞은 후에 어떻게 움직이는가를 생각할 필요가 없다.

그렇지 않으면 수구가 크게 움직이므로 다기 제1적구와 접촉하는 것 같은 사태가 일어나게 된다.

스리 쿠션 치기는 아래 그림과 같이 제2적구가 멀리있어서 원 쿠션으로 정확하게 샷 하는 것이 어려울 때에 유효한 타구법이다.

이때에 그림과 같은 라인으로 수구를 스리 쿠션 시키면 확실하게 제2적구에 맞는 것과 동시에 제1적구도 쿠션에 들어가 제2적구 쪽으로 접근해 온다.

이와 같이 항상 다음 공의 배치를 예측하면서 치는 것이 상급자가 되는 지름길이다.

이것을 『모아치기의 테크닉』이라고 한다.

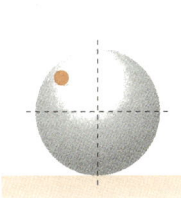
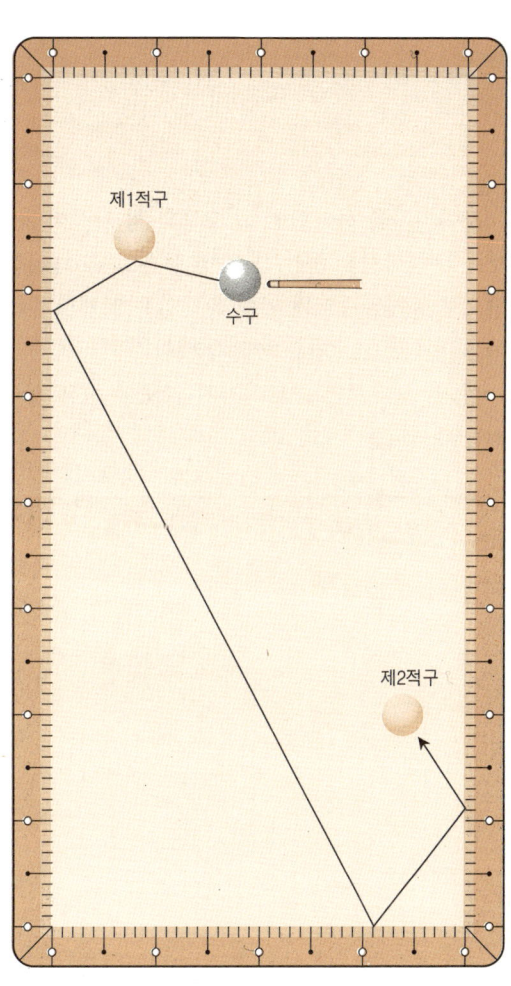

〈 스리 쿠션 치기의 타구법 〉

모아치기

공을 한 곳에 모아서 그 모양을 크게 무너뜨리지 않은 채 득점을 계속하는 테크닉을 『모아치기』라고 말하는데 비교적 고도의 테크닉으로 지목되고 있다.

초심자는 다음과 같은 점을 유의하여 연습하기 바란다.

* 수구를 치는 힘을 컨트롤하여 제1적구를 제2적구에 접근 시킨다.
* 수구도 제1적구도 제2적구의 가까이까지 이동시킨다.
* 모아치기의 패턴을 만들어 낸다.

모아치기를 하려면 특히 수구의 힘 가감이나 스트로크를 계산할 수 있어야 한다. 보통 모아치기를 하는 데 가장 좋은 곳은 테이블 4개의 코너라고 한다. 두 곳의 쿠션으로 둘러쌈으로써 공의 움직임을 억제할 수 있다. 이곳에 수구와 적구를 쿠션을 이용하여 모으는 연습을 하기 바란다.

한 번 모아지면 흐트러지지 않도록 치는 것이 중요하다. 공을 흐트러지지 않게 치는 테크닉을 『세리』라고 한다.

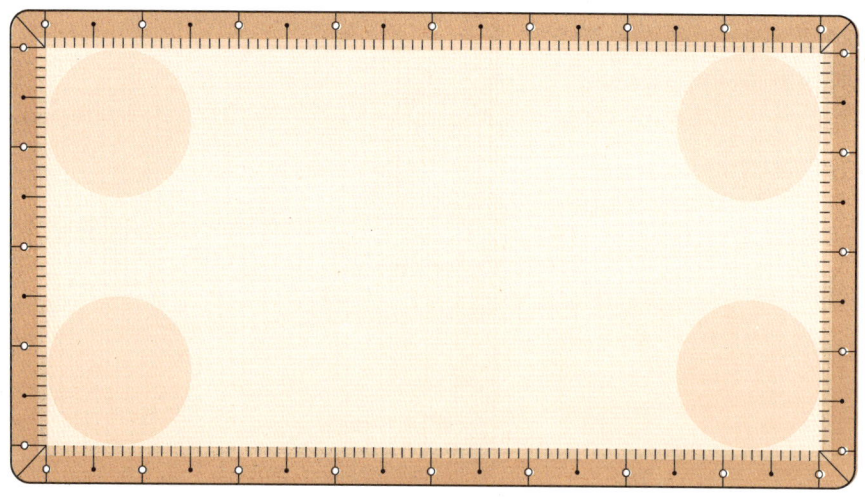

〈 모아치기에 유리한 곳 〉

아래 그림 위는 적구 2개를 접근시키는 타구법이고 아래는 수구도 코너에 접근시키는 타구법이다. 이 경우, 제1적구를 크게 돌리게 되므로 힘 가감이 큰 포인트가 된다. 그림의 배치에 공을 놓고 반복해서 모아 치는 연습을 하기 바란다.

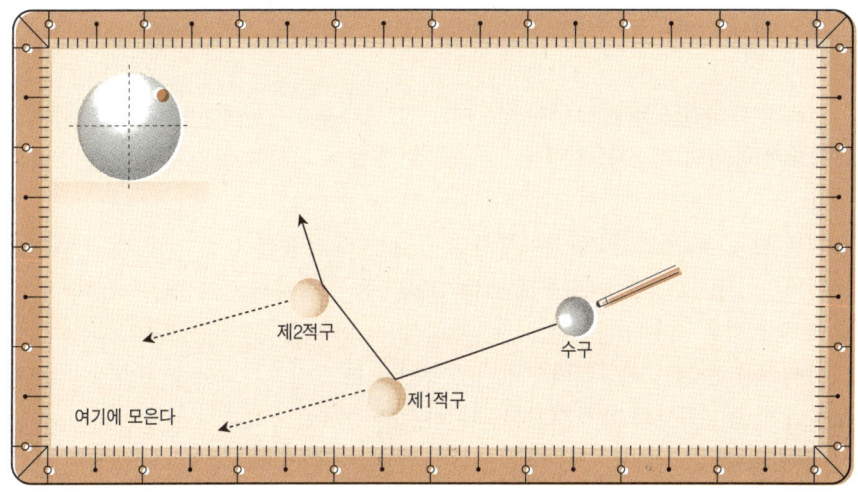

〈 적구 2개를 모으는 타구법 〉

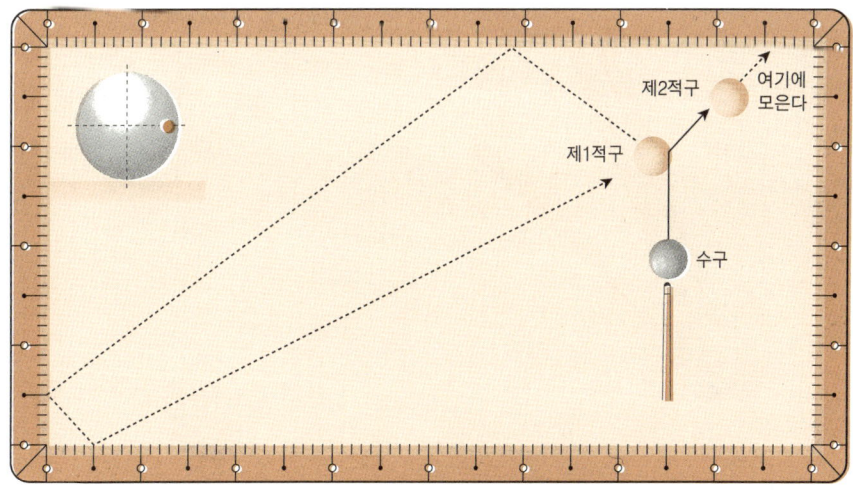

〈 수구와 적구 2개를 모으는 타구법 〉

마세

수구와 2개의 적구가 매우 접근하고 있거나 일직선으로 나란히 있을 경우 보통 타구 법으로 공 터치가 되든지 아니면 공을 잘 칠 수 없게 되는 때가 있다.

그런 때에 사용되는 특수한 타구법이 큐를 극단적으로 세워서 치는 것이 『마세』이다.

마세는 매우 고도의 테크닉이므로 어느 정도 기술이 향상되기까지는 경기장에서 연습도 허용되지 않는다. 초심자가 마세를 시도하면 나사를 찢는 경우가 많기 때문이다.

비록 한 군데라도 나사가 찢어지면 그 구대는 더 사용할 수 없다. 또 그것 때문에 고액의 변상을 물게 되는 경우도 있다. 초심자는 상급자의 마세 하는 테크닉을 잘 보고 타구 법을 배우기 바란다.

마세의 폼은 되도록 구대에 근접하여 양발을 조금 벌리고 상체를 약간 앞으로 쓰러뜨려 얼굴은 큐보다 약간 앞으로 내민다. 큐는 70° 앞에 세우고 뺨에 붙이는 것 같이 하여 친다.

공의 $\frac{6}{10}$ 동심원 내에서 칠 것

〈 큐를 세우는 법 〉

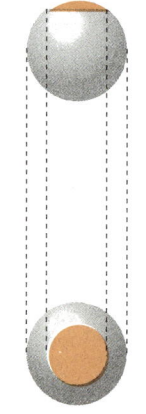

〈 마세의 당점 범위 〉

〈 마세의 폼 〉

마세를 하면 수구에는 위에서 운동 방향과는 반대의 회전이 주어져 수구를 커브하면서 진행한다. 마세를 하지 않으면 안 될 경우 제1적구에 수구를 맞히고 다음에 커브하면서 제2적구에 맞힐 필요가 있을 때이다. 또 수구를 어느 지점까지 크게 커브 시켜 진행시키고 거기서부터 되돌리는 것처럼 하여 접근하고 있는 2개의 적구에 맞힐 때에도 마세는 유효하다.

아래 그림과 같은 배치로 마세를 하는 경우 큐의 세우는 가감이나 수구의 당점의 차이로 커브의 정도는 크게 달라진다.

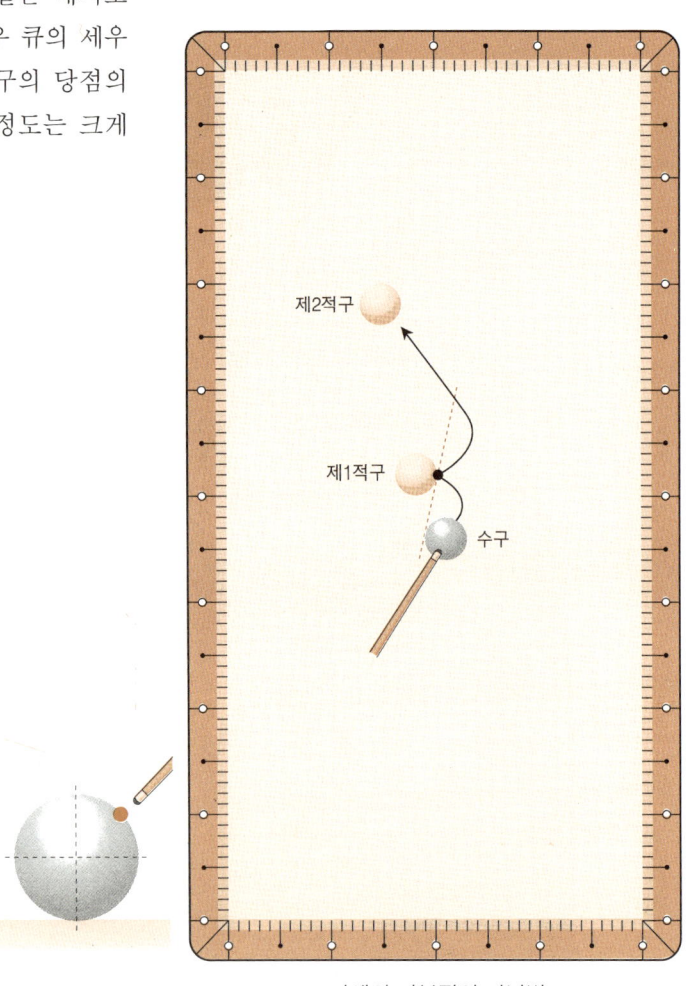

〈 마세의 기본적인 겨냥법 〉

마세에는 보통의 마세와 『그랜드 마세』라는 두 가지 타구법이 있다.

그랜드 마세는 브리지 하는 손을 테이블에 붙이지 않고 마세를 하는 고급 테크닉이다. 이때에는 힘이 너무 들어가지 않게 가볍게 큐를 내리는 기분으로 친다. 그랜드 마세는 급하게 큰 커브로 비틀어지는 것이 특징이다.

초심자가 갑자기 연습하는 것은 어느 정도 불가능하므로 다른 타구 법을 정확하게 익힌 다음에 도전하기 바란다. 연습할 때는 경기장의 허가를 받고 연습하는 것이 매너이다.

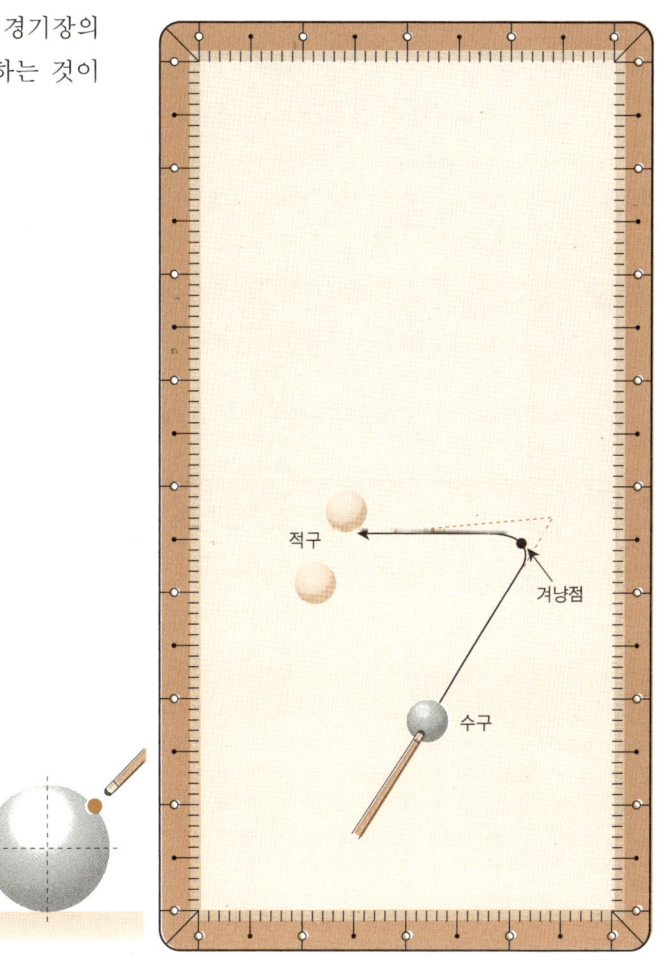

〈 그랜드 마세의 기본적인 겨냥법 〉

세리

모아치기의 상태를 무너뜨리지 않은 채 차례차례로 득점해 가는 방법이 『세리』라고 부르는 고도의 테크닉이다. 세리의 기본은 항상 수구와 적구 2개를 직선으로 나란히 하지 않고 작은 3각형의 모양을 무너뜨리지 않는 것이다.

세리는 『구극의 테크닉』이라고 불리는 것처럼 집중력과 기술의 정확함이 요구된다. 힘 가감, 두께, 수구와 적구의 진로계산 등 모든 기술이 발휘 되므로 써 비로소 가능한 테크닉이다.

세리는 보통의 타구법과 브리지, 스트로크, 그립이 다르다. 구체적으로는

* 브리지와 큐 끝의 거리가 대단히 짧다.
* 약하게 치기 위해 그립은 중심이나 중심보다 앞을 잡는다.
* 브리지는 큐 끝이 올라가지 않도록 누른다.
* 두 번 치기를 하지 않도록 섬세한 스트로크를 한다.

등이다. 이상은 모두가 어려운 테크닉을 요하므로 반복 연습이 필요하다.

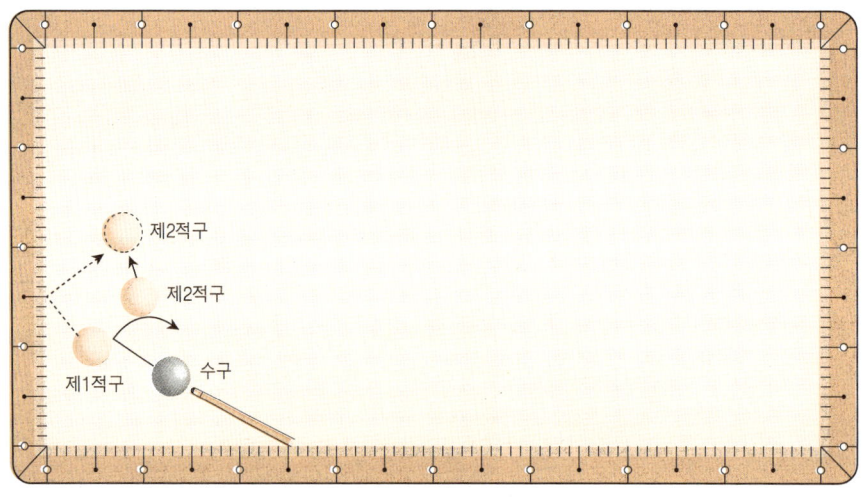

〈 세리의 기본적인 모양 〉

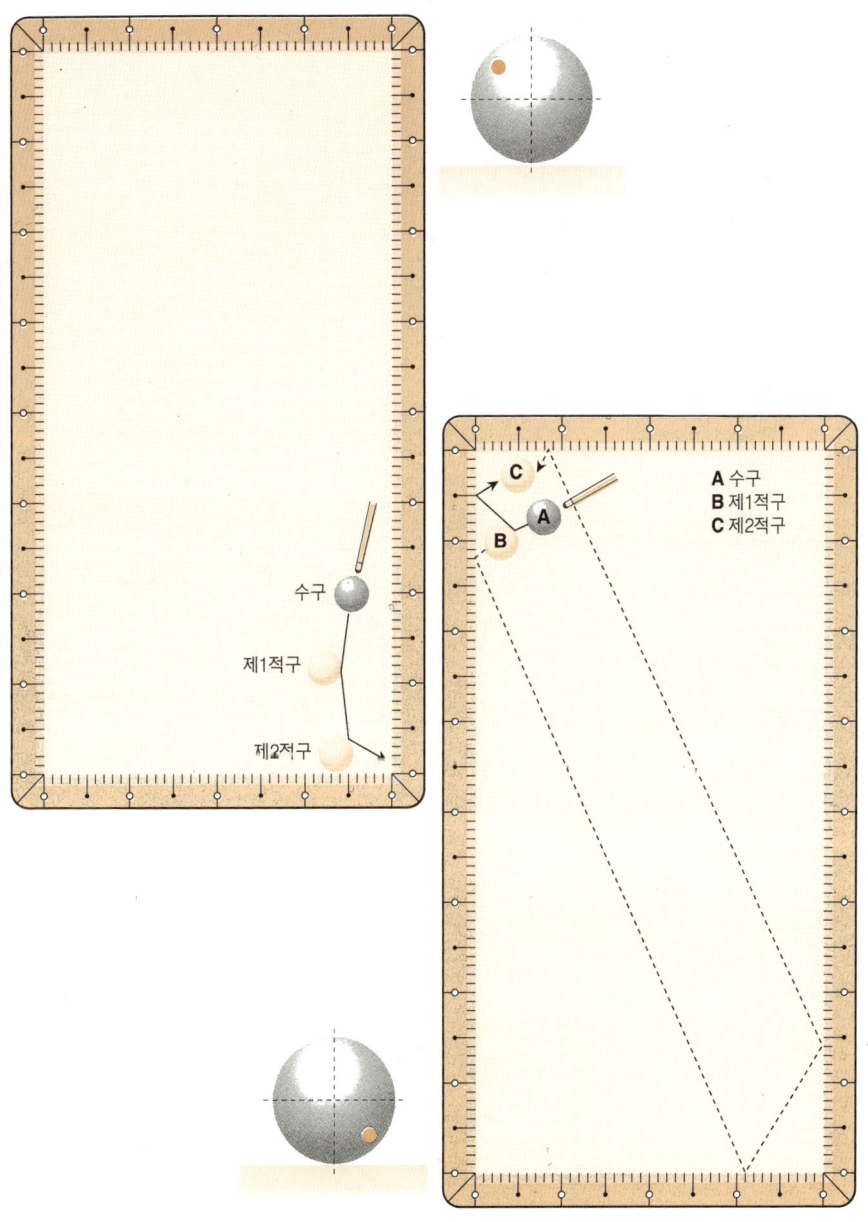

〈 세리의 타구법 〉

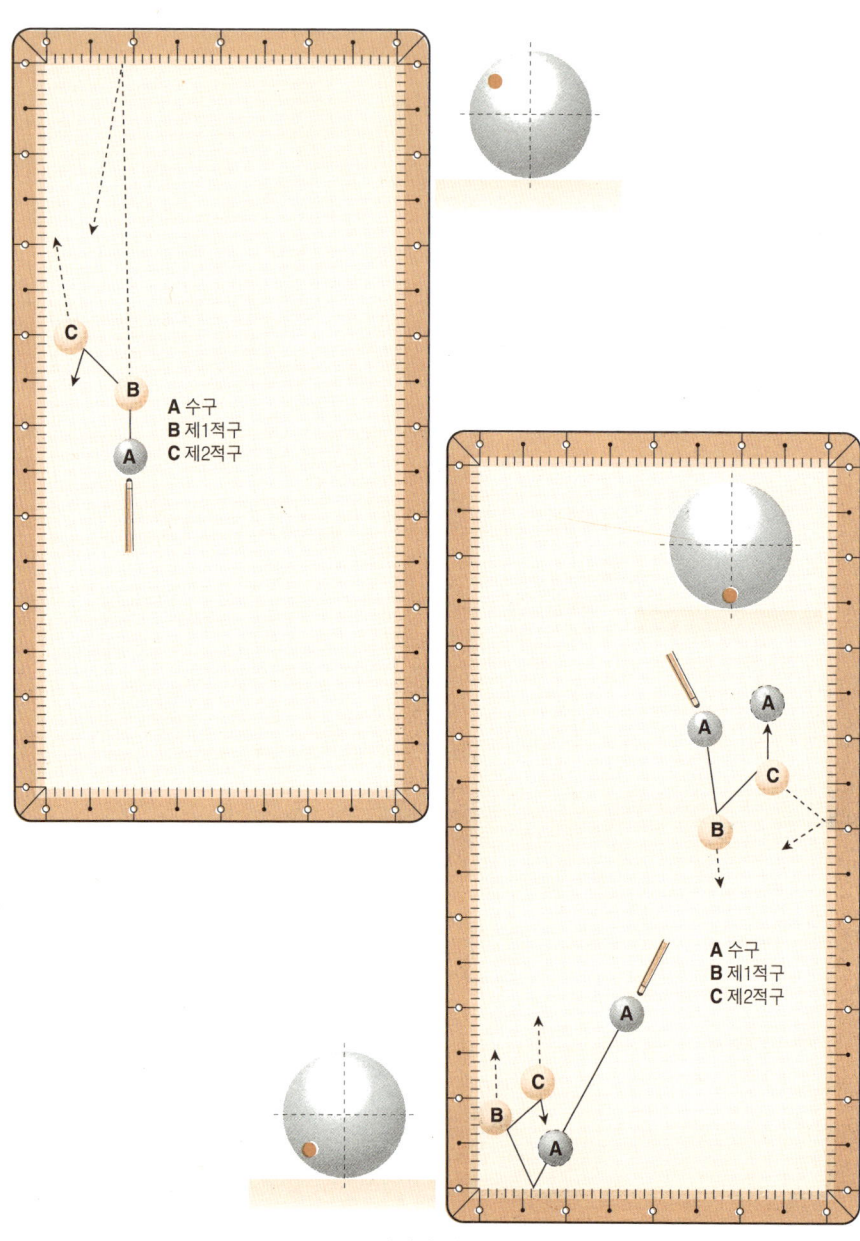

〈 세리의 타구법 〉

제 4 장
실전 상급 테크닉

서브는 공식대로 하라

모아치기의 실전 테크닉

보크라인 경기의 모아치기

스리 쿠션 경기의 테크닉

서브는 공식대로 하라

4구 경기에는 4가지 서브 타구법이 있다. 그 중에서도 확실한 것은 아래 그림에서 실선으로 나타낸 빨간 공에서 빨간 공을 원 쿠션으로 잡는 타구법이다. 초심자도 쿠션을 넣는 포인트가 벗어나지 않으면 확실하게 잡을 수 있다.

3구 경기는 4구 경기보다 어려운 기술로 적구가 2개 밖에 없다. 다음 페이지의 그림 ①은 확실하게 서브를 잡을 수 있는 타구법이지만 다음의 득점을 쉽게 딸 수 있게 만들 수 없는 결점이 있다.

그래서 상급자는 그림의 타구 법을 한다. 두께는 2분의 1로 오른쪽 옆 위(수구를 오른쪽에 놓고 서브하는 경우. 왼쪽에 놓으면 왼쪽 옆 위)를 보통의 힘으로 친다. 그

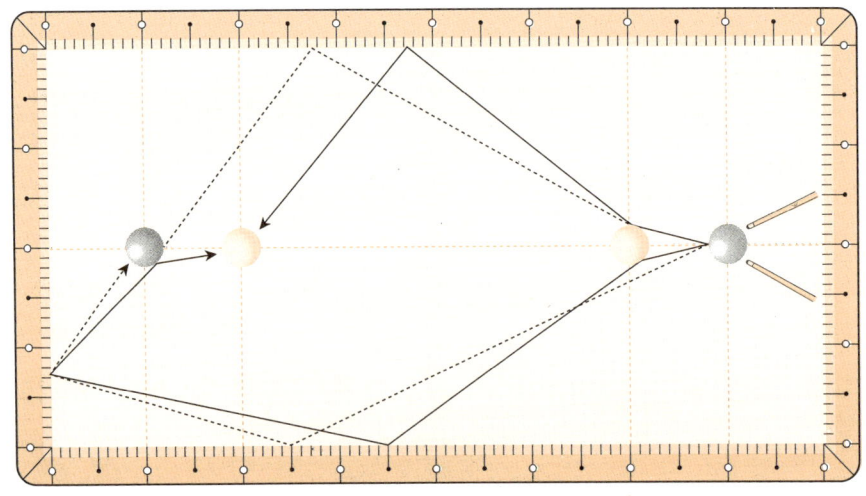

〈 4구 경기의 서브 잡는 법 〉

렇게 하면 수구는 실선과 같이 움직인다.

또 제1적구는 점선과 같이 투 쿠션 하여 왼쪽 밑의 코너로 온다. 제2적구와 수구도 마찬가지로 이 코너에 모여든다. 이와 같이 3구 경기에서는 항상 다음 공의 위치를 계산하여 공을 접근시켜 세리에 이상적인 모양을 만드는 것이 필요하다.

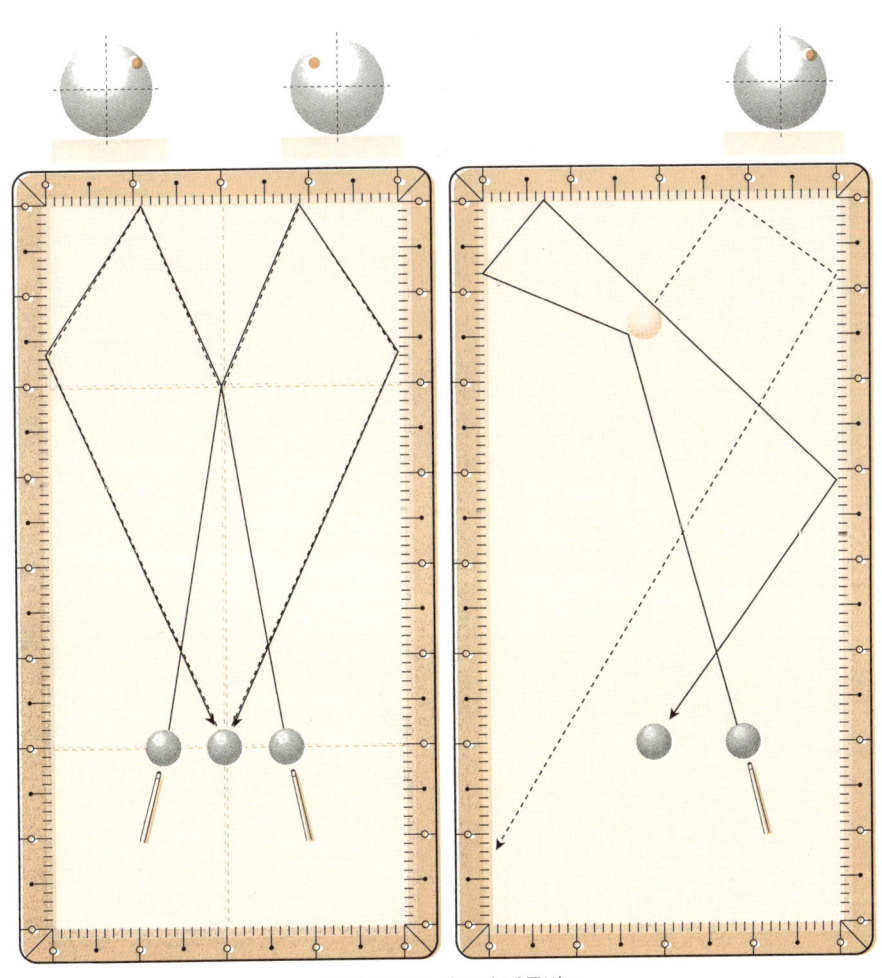

〈 3구 경기의 서브의 타구법 〉

모아치기의 실전 테크닉

모아치기에는 정석이 있다. 여기서는 3구 경기의 대표적인 모아치기를 도해한다. 4구 경기를 하는데 있어서도 정석이므로 외워 두기 바란다. 모아치기의 타구의 원칙을 우선 열거해 둔다.

* 모으는 위치는 코너 가까이가 유리.
* 될 수 있는 한 수구도 적구 가까이에 모은다.
* 어느 공이든지 너무 크게 움직이게 하는 것은 위험.
* 한 번에 모으려고 생각지 말고 몇 단계로 나누어서 모아 간다.
* 수구를 쿠션에 프로즌 시키면 끌어치기를 하기 어렵다.
* 공을 일직선으로 하지 않도록 한다.

이러한 점을 항상 염두에 두고 한 번 모아진 공은 흩어지지 않도록 쳐야 한다.

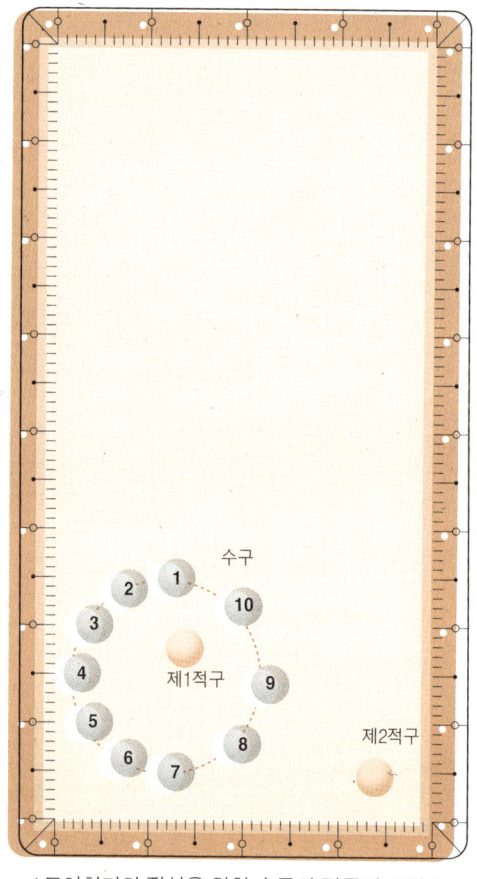

〈 모아치기의 정석을 위한 수구와 적구의 포인트 〉

3구 경기에서는 제한구역이 네 곳의 코너에 설정되어 있다. 구역 내에서는 적구의 어느 하나를 구역 외로 내보내야 한다는 점을 항상 고려해서 치도록 한다. 앞장의 그림은 제1적구에 대한 수구가 1에서 10까지의 위치에 있는 경우를 설정한 것이다. 이 상태에 수구가 있는 경우는 제2적구의 코너에 접근시킬 수 있다. 이하 순서에 따라 설명한다.

1의 위치에 수구가 있을 때에는 그림과 같은 진로로 수구를 진행시킨다. 당점은 오른쪽 옆 위로 약간 강하게, 두께는 4분의 3으로 쳐 낸다. 투 쿠션 하여 제1적구는 코너에 접근해 온다.

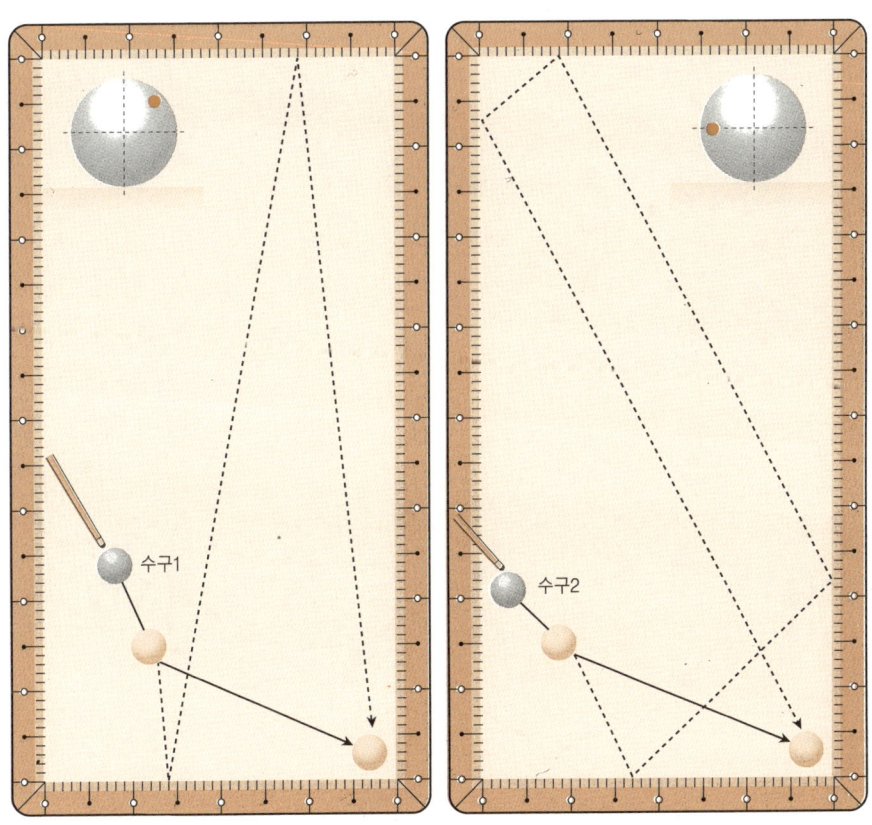

〈 1의 위치에 수구가 있는 경우 모으는 법 〉　　〈 2의 위치에 수구가 있는 경우 모으는 법 〉

2의 위치일 때는 수구의 중심보다 조금 왼쪽을 밀어 빼는(두껍게 치는 것) 것처럼 강한 힘으로 친다. 약하게 치면 4번이나 쿠션에 들어가 방향이 변해 버리기 때문에 주의하기 바란다.

3의 위치에 수구가 있을 때에는 마중 나오기 치기를 사용한다. 당점은 왼쪽 옆 위, 두께는 4분의 3으로 쳐 낸다. 수구는 실선과 같이 움직이고 제2적구는 제1적구에 맞고 한 번 쿠션에 들어가서 수구와 만난다.

4의 경우는 수구를 스리 쿠션 시켜서 모은다. 얼핏 보기에 어렵게 보이지만 그다지 어렵지 않다. 왼쪽 옆 위치기로 얇게 제1적구에 맞혀서 크게 돌려 모은다.

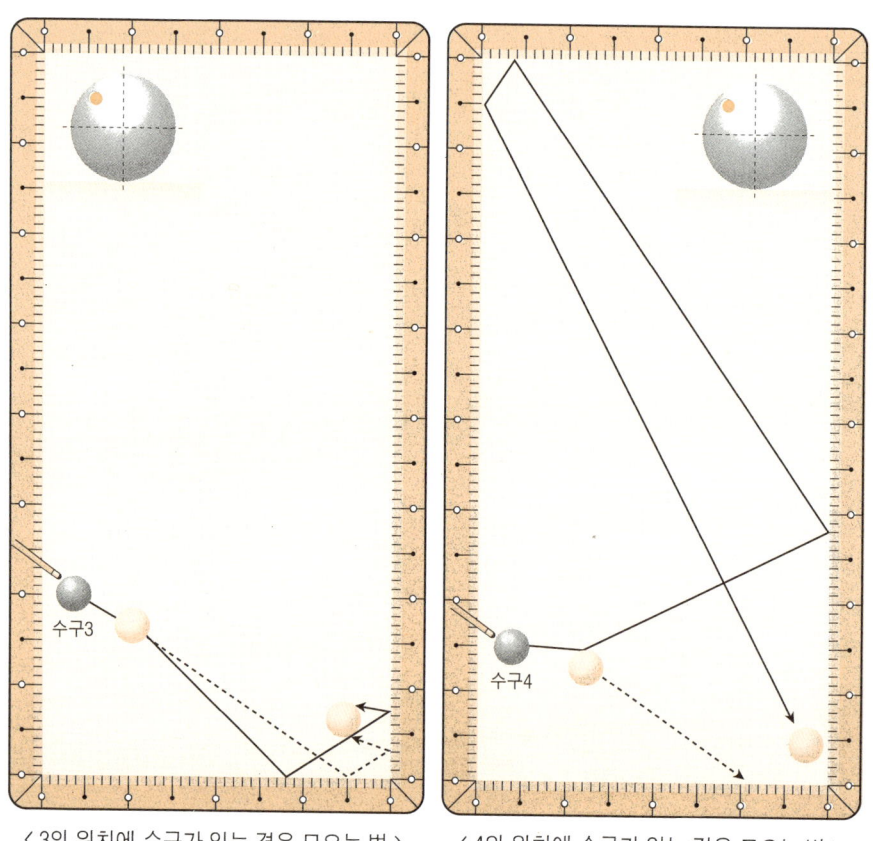

〈 3의 위치에 수구가 있는 경우 모으는 법 〉   〈 4의 위치에 수구가 있는 경우 모으는 법 〉

5의 경우는 수구의 중심보다 약간 위를 쳐서 3분의 1의 두께로 맞추고 제1적구를 스리 쿠션 시킨다. 제1적구 앞의 그림의 수구와 같은 코스로 모여온다.

6의 경우는 거의 앞 그림과 같은 타구법이 된다. 제1적구가 처음에 들어가는 쿠션 위치가 변하지만 마찬가지로 모여온다. 중심보다 약간 밑 치기로 힘은 보통, 두께는 3분의 2이다.

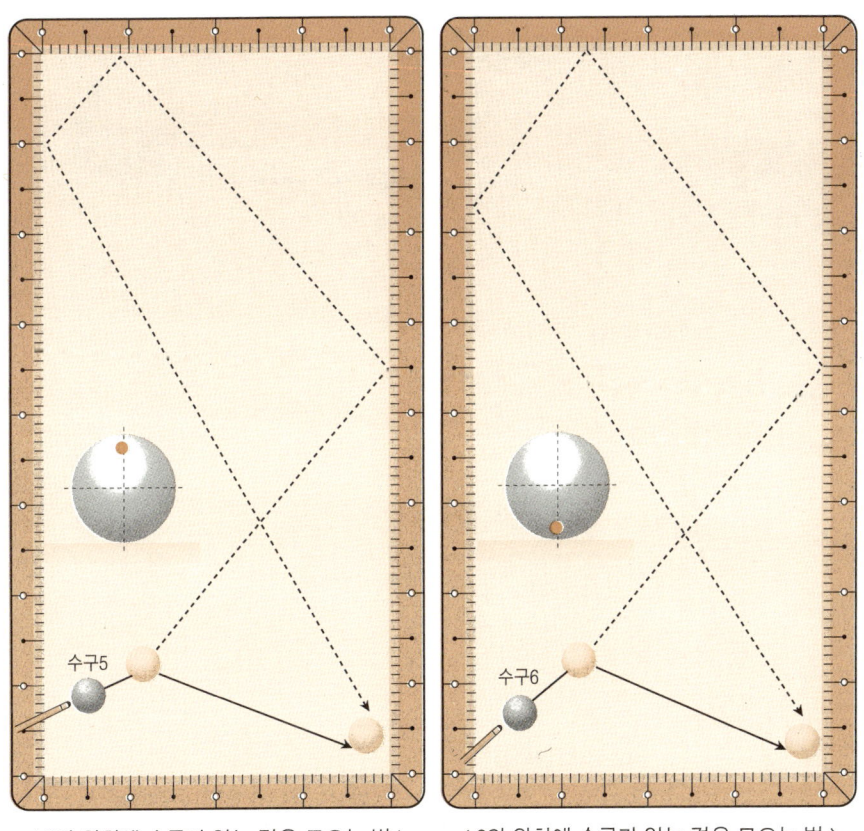

〈 5의 위치에 수구가 있는 경우 모으는 법 〉   〈 6의 위치에 수구가 있는 경우 모으는 법 〉

7의 배치는 가장 모으기 쉬운 공의 배열로 되어 있다. 당점은 중심보다 약간 아래, 두께는 3분의 2이다. 초심자는 공을 모으는 연습을 하기에 알맞은 모양이므로 힘 가감을 여기에서 배우기 바란다.

8의 위치에 수구가 있는 경우도 끌어치기와 비틀기를 사용하여 수월하게 모을 수가 있다. 두께는 4분의 1 왼쪽 옆 밑을 친다. 수구를 모으는 것은 수월하지만 제1 적구가 정확하게 모일 수 있도록 연습하기 바란다.

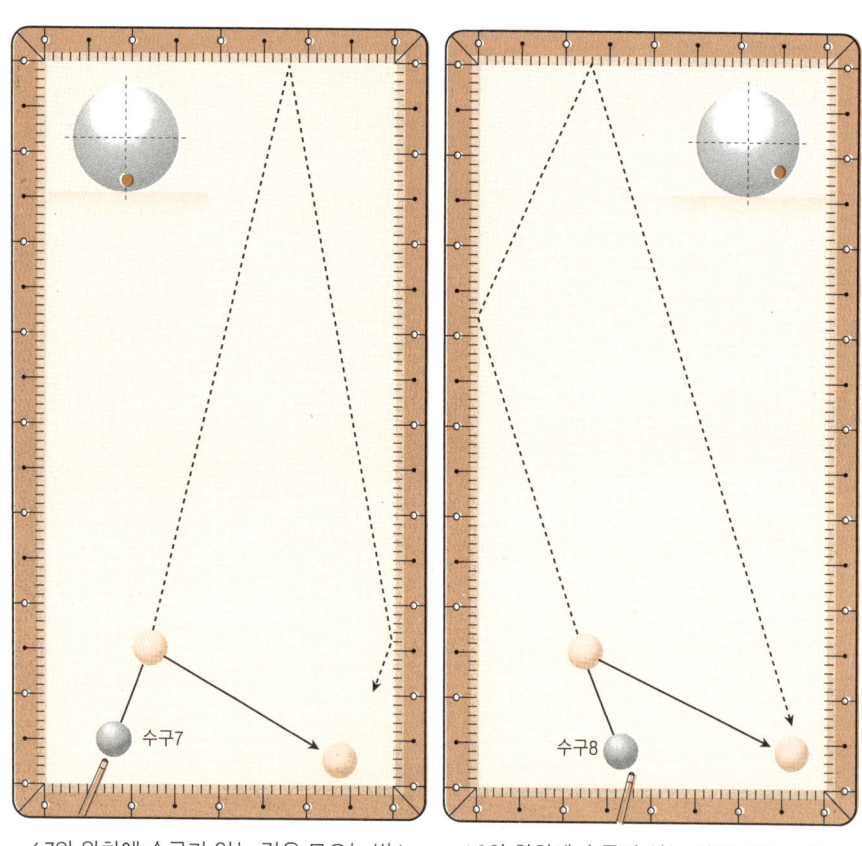

〈 7의 위치에 수구가 있는 경우 모으는 법 〉　〈 8의 위치에 수구가 있는 경우 모으는 법 〉

9의 위치에 있는 경우는 수구를 투 쿠션 시켜서 모은다. 왼쪽 옆의 약간 위를 치고 두께는 3분의 1이다. 너무 두껍게 맞히거나 힘이 너무 들어가면 제1적구가 접근하지 않으므로 주의하기 바란다.

10의 위치에 있는 경우는 끌어치기로 간단하게 모을 수 있다. 당점은 중심보다 약간 아래이며 두께는 4분의 3이다. 제1적구는 원 쿠션 하여 코너로 모여온다.

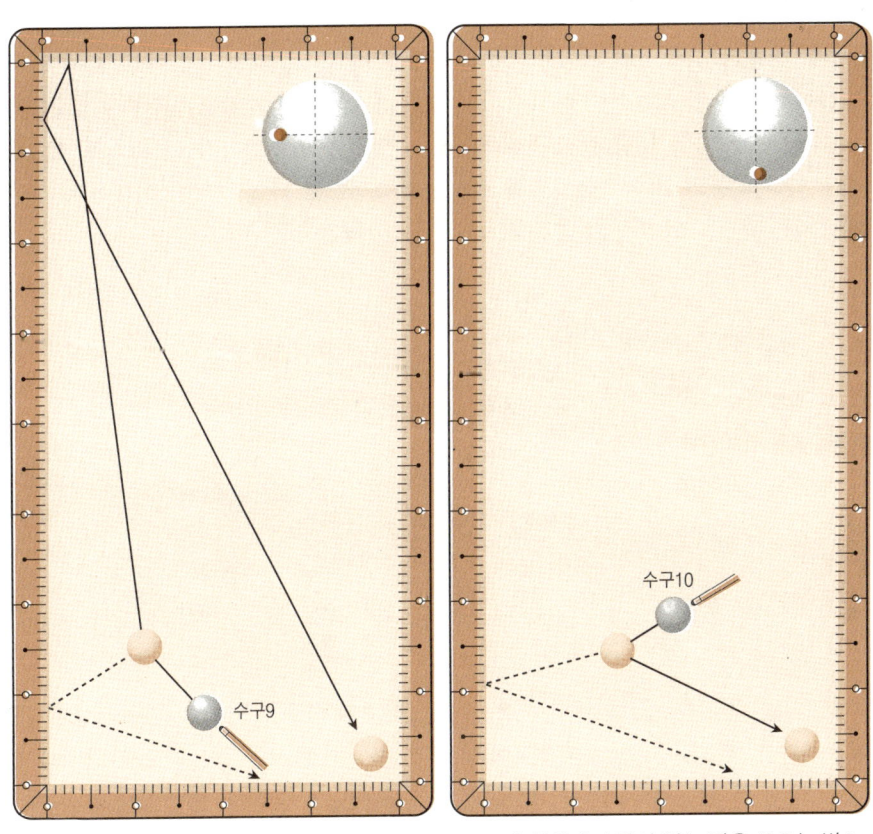

〈 9의 위치에 수구가 있는 경우 모으는 법 〉　　〈 10의 위치에 수구가 있는 경우 모으는 법 〉

보크라인 경기의 모아치기

보크라인 경기는 제한구역이 3구 경기보다 많고 엄격하게 되어 있으므로 모아치기 테크닉도 보다 고도의 테크닉이 필요하게 된다. 제한테 내의 앵커 안에서는 연속 득점이 허용되지 않고 적구 2개 중 1개 이상을 바깥으로 내보내야 하는 등 세부적인 룰이 정해져 있고 경기에 따라서 구대도 달라지므로 힘 가감도 변한다.

보크라인 경기의 득점은 적구가 제한테의 안인가 바깥인가가 최대의 포인트가 된다. 따라서 공의 위치나 움직임의 호칭도 독특하므로 파울 규칙과 더불어 카운터의 올바른 호칭도 외워 두기 바란다.

〈 보크라인 경기일 때 배치의 호칭 법 〉

- 볼즈 아웃 : 수구와 적구가 같은 테 안에 있고 또 하나의 적구가 다른 테 안에 있을 때
- 볼즈 인 : 공이 전부 같은 테 안에 있을 때
- 아웃 앤드 앵커 인 : 수구와 같은 테 안의 앵커에 1개의 적구가 들어가고 같은 앵커의 다른 테 안에 또 1개의 적구가 들어갔을 때
- 아웃 앤드 인 : 적구 1개가 한 번 테 밖으로 나갔다가 다시 테 안으로 들어갔을 때
- 앵커 인 : 공이 전부 같은 앵커 안에 있을 때

보크라인 경기는 제한구역의 선을 끼우는 것처럼 적구를 모으는 것이 이상형. 이것을 『라인 너스』라고 말하고 연속하여 득점하기 위한 고등 테크닉으로 간주되고 있다. 라인 너스는 선에 쫓아서 쳐 나가는 것을 이렇게 불린다. 항상 2개의 적구가 선을 가랑이를 벌리고 넘는 것 같은 상태로 하는 것이 이 경기의 포인트이다.

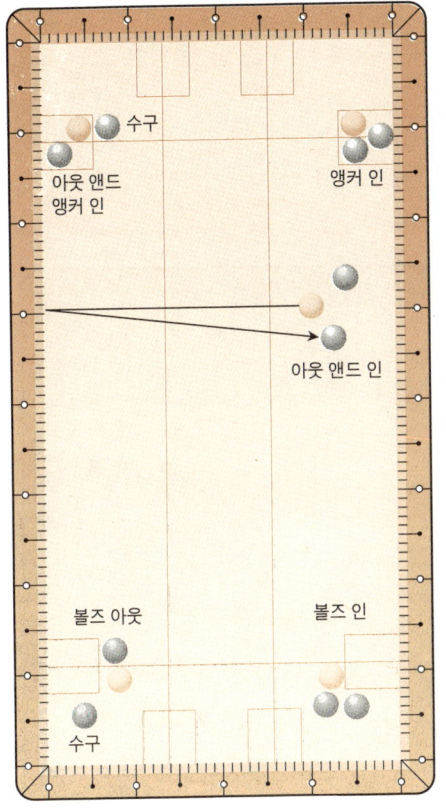

〈 보크라인 경기일 때 배치의 호칭법 〉

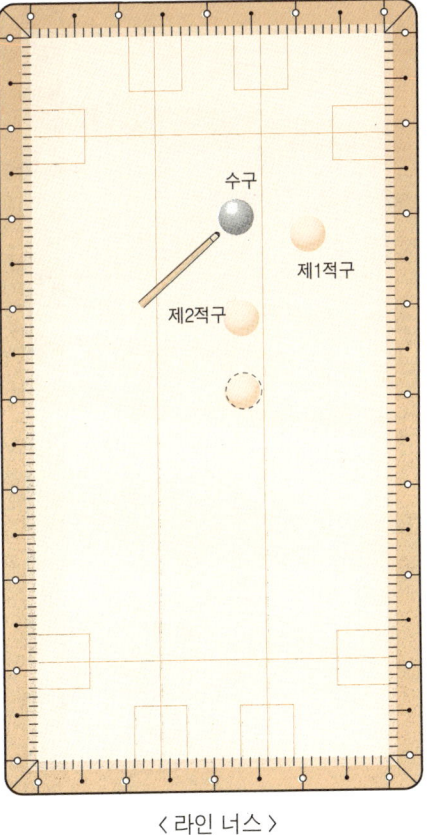

〈 라인 너스 〉

아래쪽 그림은 비교적 모으기 쉬운 공의 위치로 되어 있다. 이런 때에는 수구의 왼쪽 옆 위를 미는 듯이 친다. 두께는 2분의 1이다. 제1적구는 한 번 테 밖으로 나갔다가 다시 접근해 온다.

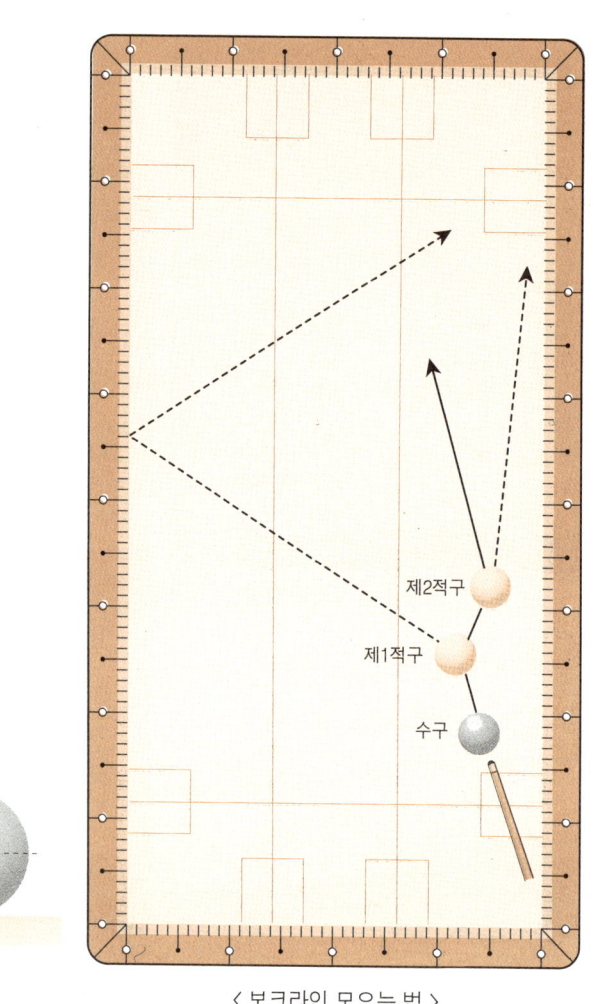
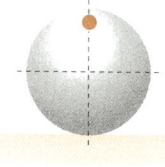

〈 보크라인 모으는 법 〉

이와 같이 제2적구가 쿠션에서 떨어진 위치에 있을 때에는 왼쪽 옆 밑을 쳐서 비틀기를 건다. 두께는 4분의 3이다. 제1적구는 스리 쿠션 하여 접근해 온다.

코너 가까이에 모으려고 생각한 타구법이다. 오른쪽 위를 쳐서 두께를 2분의 1로 하면 제1적구는 쿠션에 들어가서 코너에 접근하고 수구는 스리 쿠션 하여 제2적구에 맞는다.

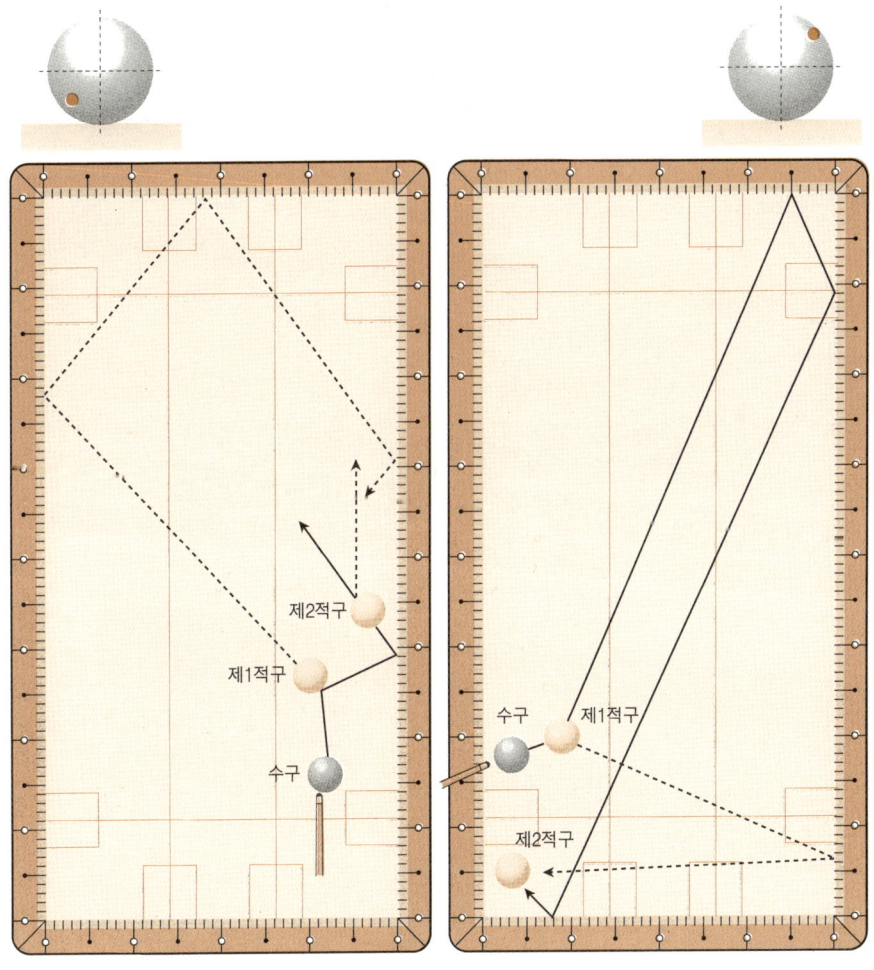

〈 보크라인 모으는 법 〉

이것은 끌어치기를 사용하여 제2적구에 맞히는 타구법이다. 두께는 거의 정면 중심 겨냥인데 제1적구는 원 쿠션 하여 접근해 온다. 이때에 제2적구를 테 안에 남겨 두면 후에 유리하다.

2회 치기가 허용되어 있는 경기 때, 공을 모으는 방법이다. 이때는 3구 경기의 모으는 법과 거의 같다. 다음에 적구의 어느 1개를 바깥으로 내보낼 것을 계산하여 친다.

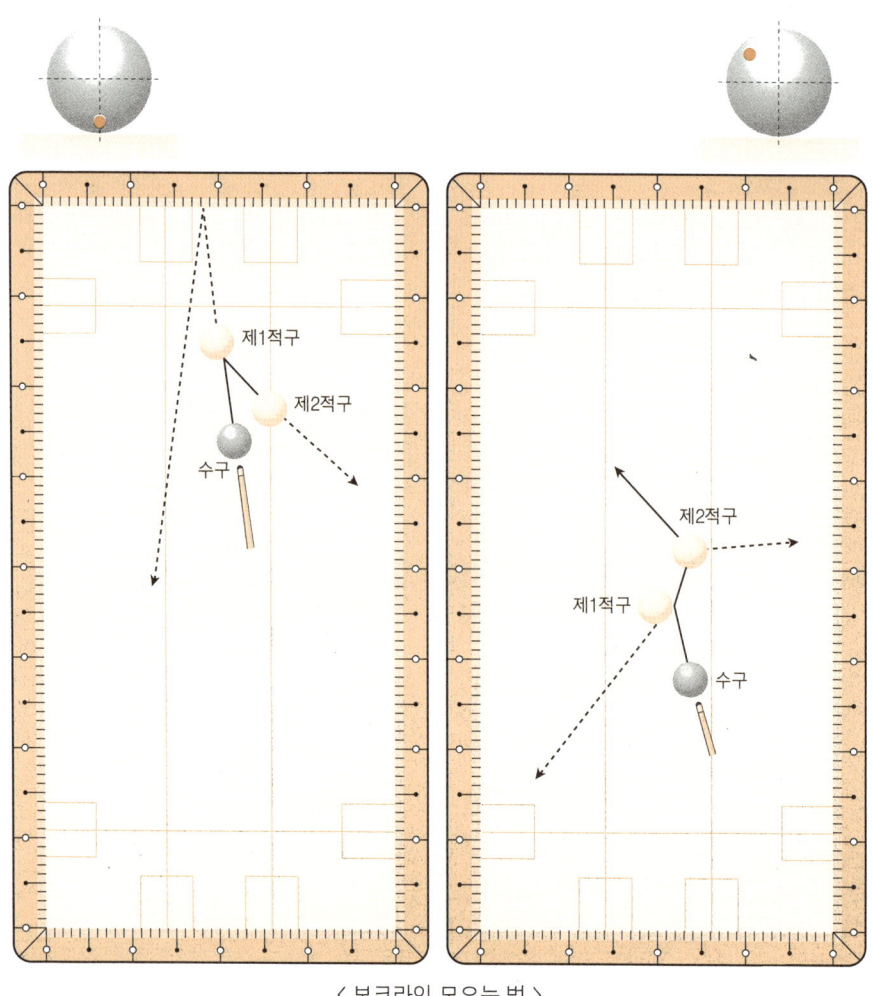

〈 보크라인 모으는 법 〉

이 경우도 앞 그림과 마찬가지로 동일 테 내에서 득점하기 위한 모아치기의 타구법이다. 비교적 치기 쉽기 때문에 안이하게 다루기 쉬운데 항상 뒤의 공의 위치를 생각하고 테의 라인 가까이에 적구를 배치시킨다.

이것도 다음에 적구를 한 번 제한테 밖으로 내보내 쿠션 시켜서 테 내로 되돌리기 쉬운 배열로 하기 위한 타구법이다. 당점은 중심 위이고 제1적구의 정면에 맞힌다.

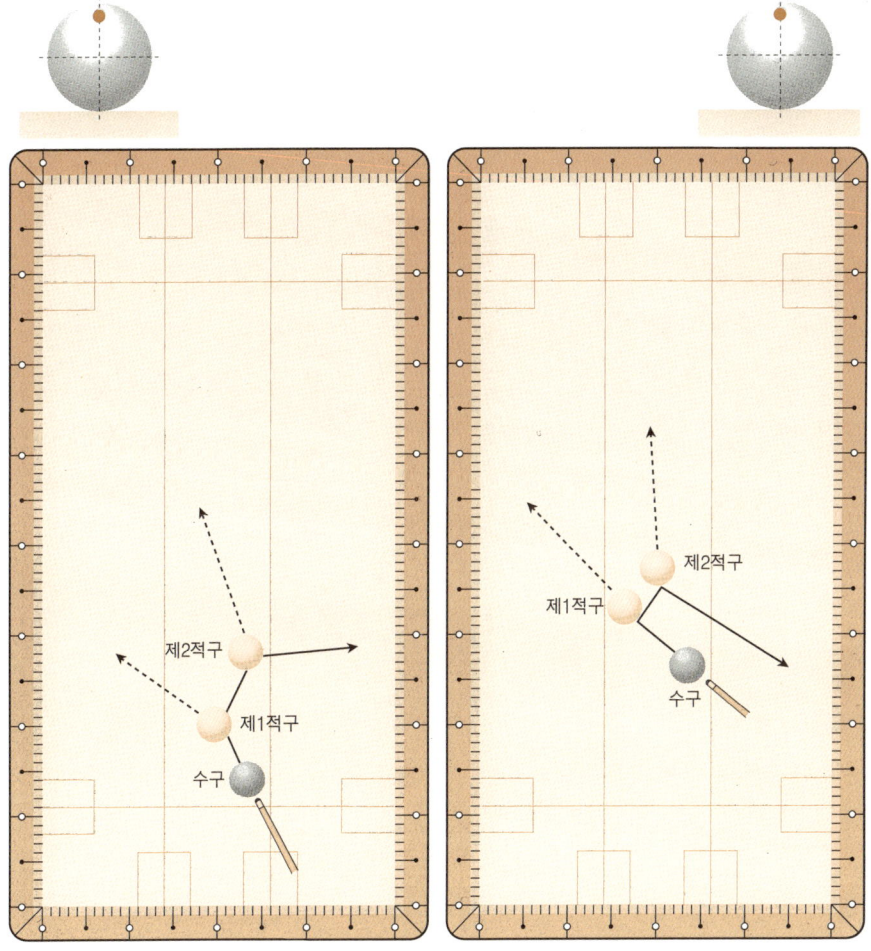

〈 보크라인 모으는 법 〉

3구 경기에서는 흔히 사용하는 밀어 빼어치기를 응용한 타구법이다. 당점은 중심 위치기, 두께는 4분의 3정도이다. 정확한 쳐내기로 밀어빼지 않으면 적구가 되돌아오지 않는다.

비틀기를 건 타구법이다. 그림 위쪽은 오른쪽 옆치기의 순 비틀기로 얇게 맞힐 때 그림 아래쪽은 왼쪽 옆 밑 치기로 두께는 3분의 2, 역비틀기를 주었을 때의 수구와 적구의 움직임을 나타낸 것이다.

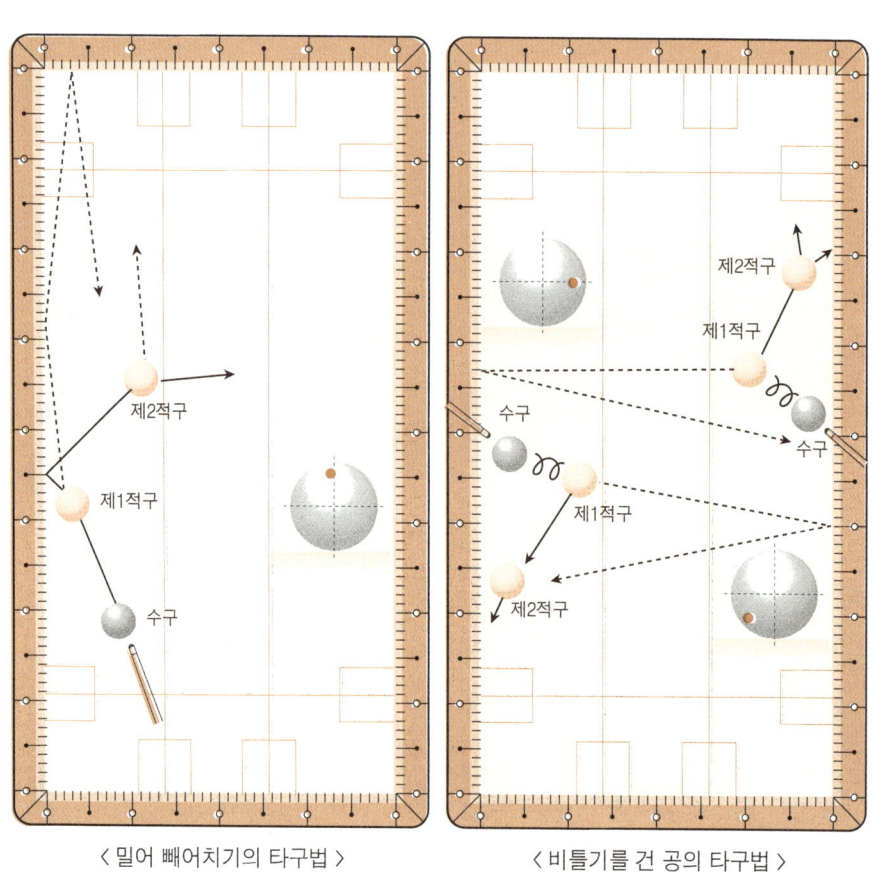

〈 밀어 빼어치기의 타구법 〉　　〈 비틀기를 건 공의 타구법 〉

스리 쿠션 경기의 테크닉

캐롬 경기 중 가장 어려운 것이 수구를 적구 2개에 맞히는 동안에 3회 이상 쿠션에 넣어야 하는 스리 쿠션 경기이다.

그러나 테이블 위를 수구가 돌면서 겨냥한 대로의 움직임으로 득점을 하는 다른 캐롬 경기에서는 맛볼 수 없는 쾌감을 안겨 준다. 그 때문에 스리 쿠션 경기의 애호가는 해마다 증가하고 있다.

스리 쿠션 경기에서는 구대의 테에 부착된 다이아 등의 포인트가 매우 중요하게 된다. 포인트를 사용하여 입사각, 반사각을 계산하면서 치는 것이다.

이 계산 방법을 시스템이라고 부르는데 갖가지 시스템이 완성되어 있다. 스리 쿠션 경기를 즐기려면 이 시스템을 마스터해야 한다. 시스템을 응용하면 실제 경기의 약 8할은 만회할 수 있다고 한다.

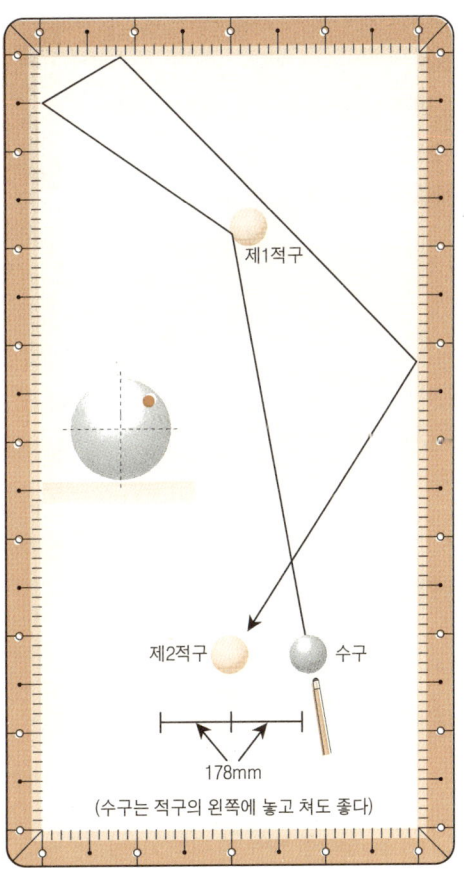

〈 스리 쿠션 경기의 서브 〉

앞 그림은 스리 쿠션 경기의 서브하는 방법이다. 수구의 위치는 흰색적구의 좌우 178mm의 선상에 있으면 어디에도 상관없다. 따라서 확실하게 점수를 딸 수 있는 서브 방법이다.

파이프 앤드 하프 시스템

테이블의 각 포인트와 코너에 수구와 적구의 숫자를 꼭 들어 맞추어 그 숫자를 기준으로 한 쿠션 포인트를 정하는 시스템이다. 이 시스템을 응용하는데 있어서 다음 세 가지 조건이 요구 된다.

* 힘 가감은 보통으로 친다.
* 큐는 약간 길게 쳐 낸다.
* 당점은 중심, 왼쪽 옆, 오른쪽 옆

이 세 가지 점을 지키지 않으면 시스템으로 계산된 진로로 공이 진행하지 않는다.

계산 방법은 지극히 간단하다. 먼저 마지막에 넣는 쿠션 포지션의 숫자를 구하고 수구가 현재 있는 포지션에서 그 숫자를 뺀다. 그 숫자를 쿠션 포지션의 숫자에 들어 맞추어서 합치한 포인트가 처음에 쿠션 시키는 포인트이다.

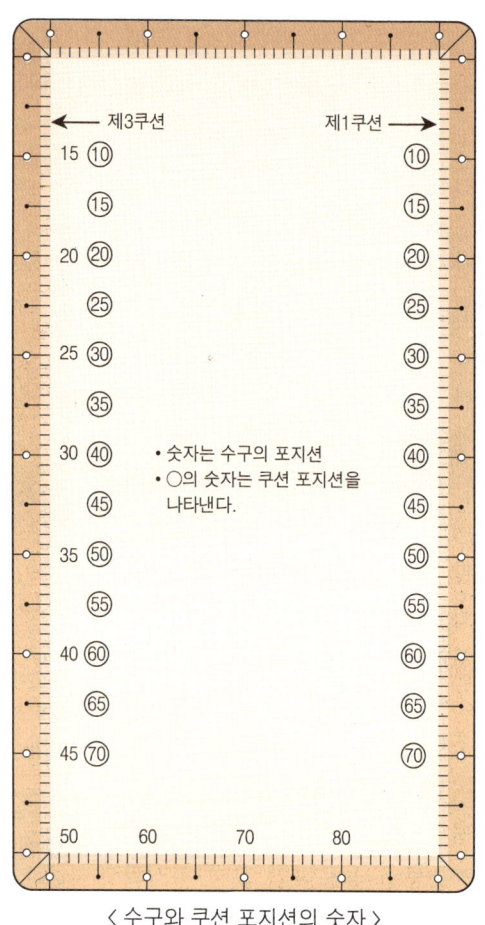

〈 수구와 쿠션 포지션의 숫자 〉

그러나 수구의 수보다 큰 수의 제1또는 제3쿠션에 넣었을 경우는 계산대로 공이 달리지 않으므로 주의하기 바란다.

파이브 앤드 하프 시스템의 수구 운동은 수구가 50의 위치에 있을 때에 간단하게 증명된다. 마지막 쿠션을 제3쿠션 20이라고 하면 50 마이너스 20으로 제1쿠션의 30이 포인트이다.

마지막 쿠션 포인트를 제3쿠션의 20이라고 했을 때 수구의 위치마다 최초의 포인트를 도해한 것이다. 수구가 45이하 일 때에는 포인트의 조금 앞을 겨냥하면 확실하다.

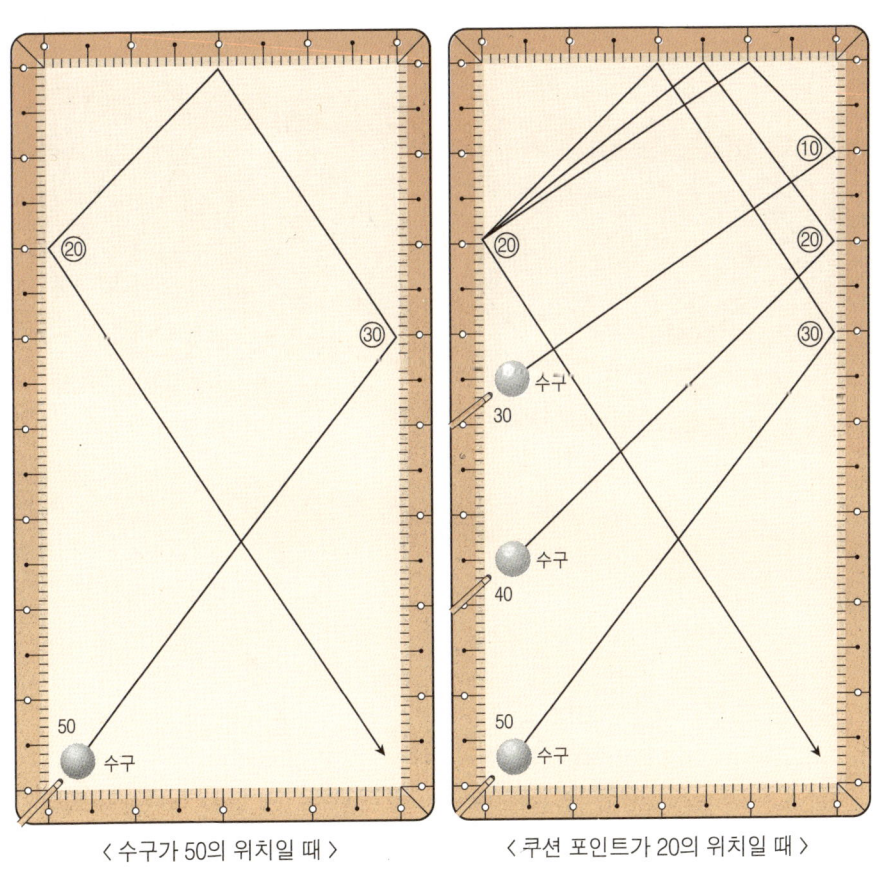

〈 수구가 50의 위치일 때 〉　　〈 쿠션 포인트가 20의 위치일 때 〉

수구가 45의 위치에 있을 때 최후의 쿠션을 20이라고 하면 제1쿠션의 15에 최초의 쿠션을 넣어야 한다.

포인트의 중간점으로 마크가 없으므로 정확하게 겨냥하여 쳐주기 바란다.

수구가 60의 위치에 있을 때의 진로를 포인트 별로 도해한 것이다. 수구의 숫자가 커지면 스리 쿠션도 점차 어렵게 된다. 연습하여 정확하게 쳐주기 바란다.

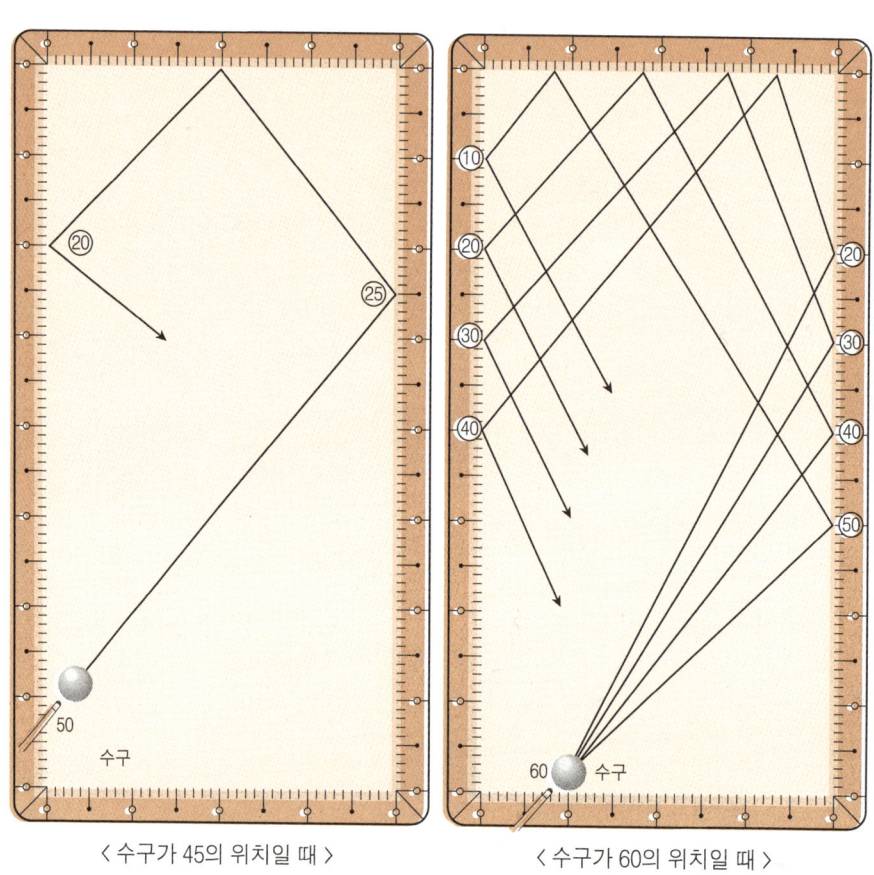

〈 수구가 45의 위치일 때 〉　　　〈 수구가 60의 위치일 때 〉

수구의 숫자가 작아지면 제1쿠션과의 거리도 작아져서 보다 정확한 스리 쿠션을 할 수 있다. 30이하의 수구 위치를 『상자 공』이라고 부르고 있다.

수구가 15이하일 때 보통으로 쳐내면 공이 너무 달리는 경우가 있다. 되도록 약한 힘으로 쳐 내도록 하기 바란다. 이 경우는 다른 시스템도 응용할 수 있다.

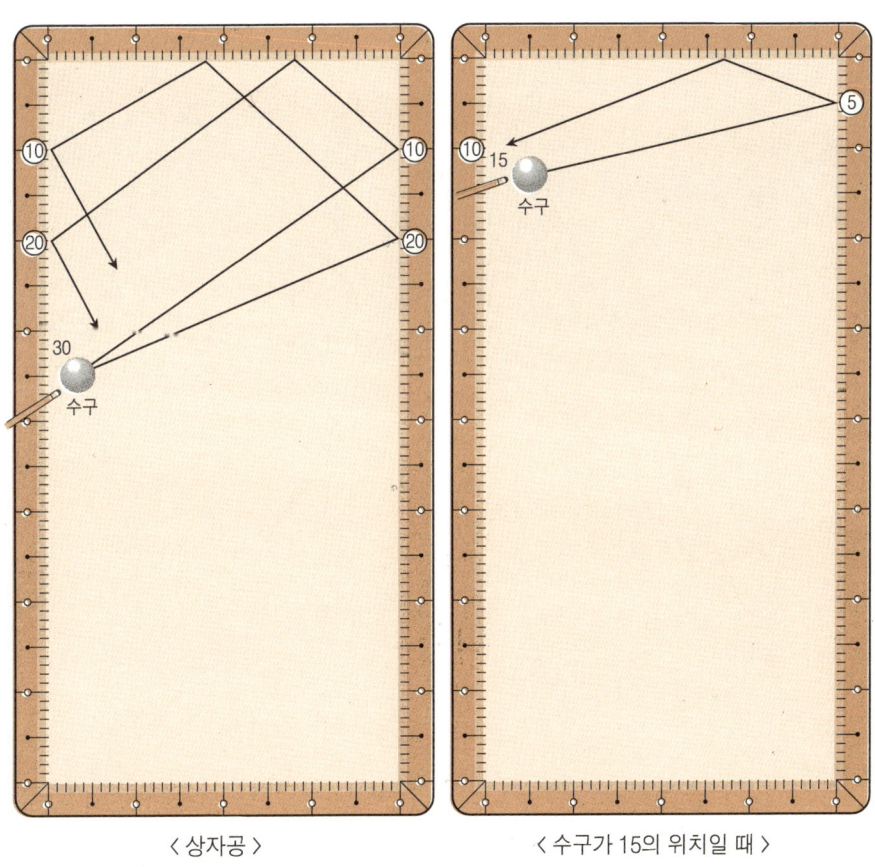

〈 상자공 〉　　　　　　〈 수구가 15의 위치일 때 〉

수구가 45의 위치에 있더라도 큐를 쳐내는 방향이 달라지면 50에 가까운 위치와 같게 되어 버린다. 쿠션에서 수구가 떨어져 있을 때에는 보다 정확하게 치기 바란다.

이러한 배치의 경우 수구위치는 점선의 연장선상 40의 위치가 된다.

최후에 제3쿠션의 30에 넣기 위해서는 제1쿠션 10을 겨냥하여 친다.

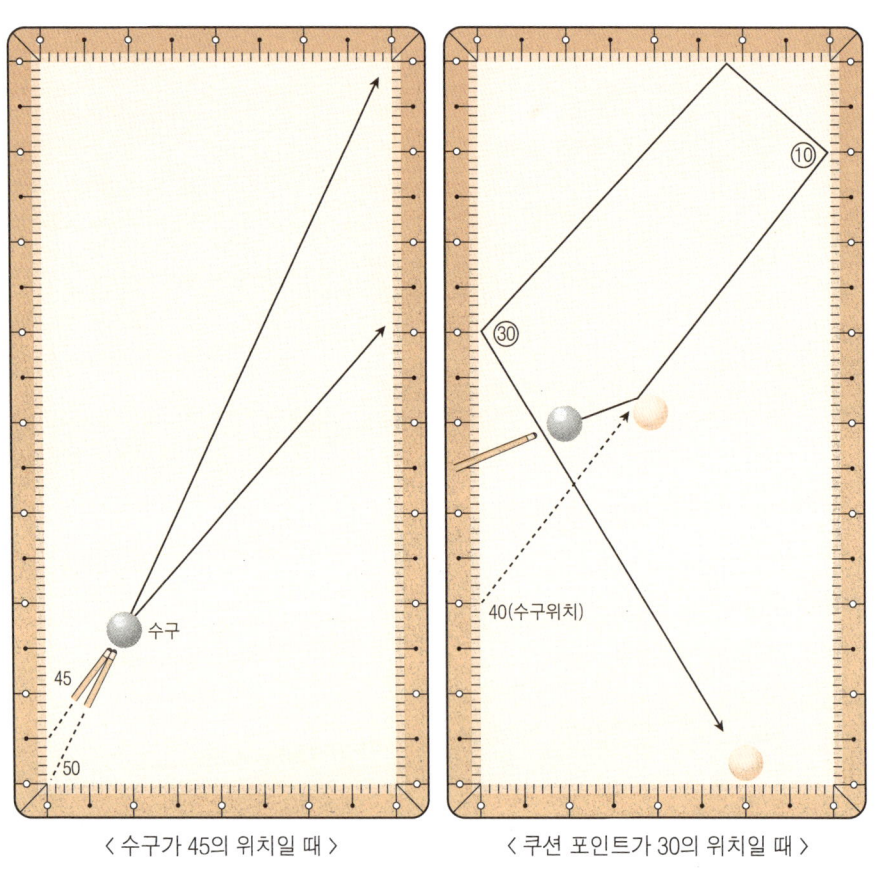

〈 수구가 45의 위치일 때 〉　　　　〈 쿠션 포인트가 30의 위치일 때 〉

플러스 토우 시스템

파이브 앤드 하프 시스템의 불비한 면을 없애기 위해 고안된 시스템이다. 파이브 앤드 하프 시스템에서 처음에는 긴 쿠션에 넣지만 플러스 토우에서는 짧은 쿠션에 넣는다. 그 때문에 조금 틀어지면 계산대로 칠 수 없는 약점도 있다. 파이브 앤드 하프와 마찬가지로 중심, 왼쪽 옆, 오른쪽 옆을 부드러운 감으로 쳐주기 바란다.

다음 그림은 플러스 토우 시스템 수구 위치의 숫자와 적구의 위치를 숫자로 나타낸 것이다. 이 시스템에서는 수구가 20이하이면 확률은 매우 낮아진다.

적구 포지션의 숫자는 계산식으로 사용하는 것이 아니라 짧은 쿠션의 적구 포지션 ⑤에 수구를 넣고 긴 쿠션의 ⑤에 정확하게 넣으면 진로가 일정하게 된다는 시스템의 목표이다. 연습하여 올바른 진로를 나아가게 하도록 하기 바란다.

수구 위치의 숫자가 커져 가게 되는 경우는 반대쪽의 짧은 쿠션을 겨냥한다.

그 경우, 예를 들어 35의 수구라고 하면 25로 옮겨 놓게 된다.

〈 수구 포지션과 적구 포지션의 숫자 〉

수구가 25의 위치에 있을 때 정확하게 쳤을 때의 수구의 진로를 나타낸 것이다. ①의 넣을 때에는 코너를 겨냥하지만 반드시 짧은 쿠션 쪽에서 넣도록 하기 바란다.

수구의 위치가 30일 때, 수구의 진로를 나타낸 것이다. 적구 포지션 ④에 넣고 올바르게 쿠션 했을 경우는 자기 앞쪽의 코너에 되돌아오므로 연습의 목표로 하기 바란다.

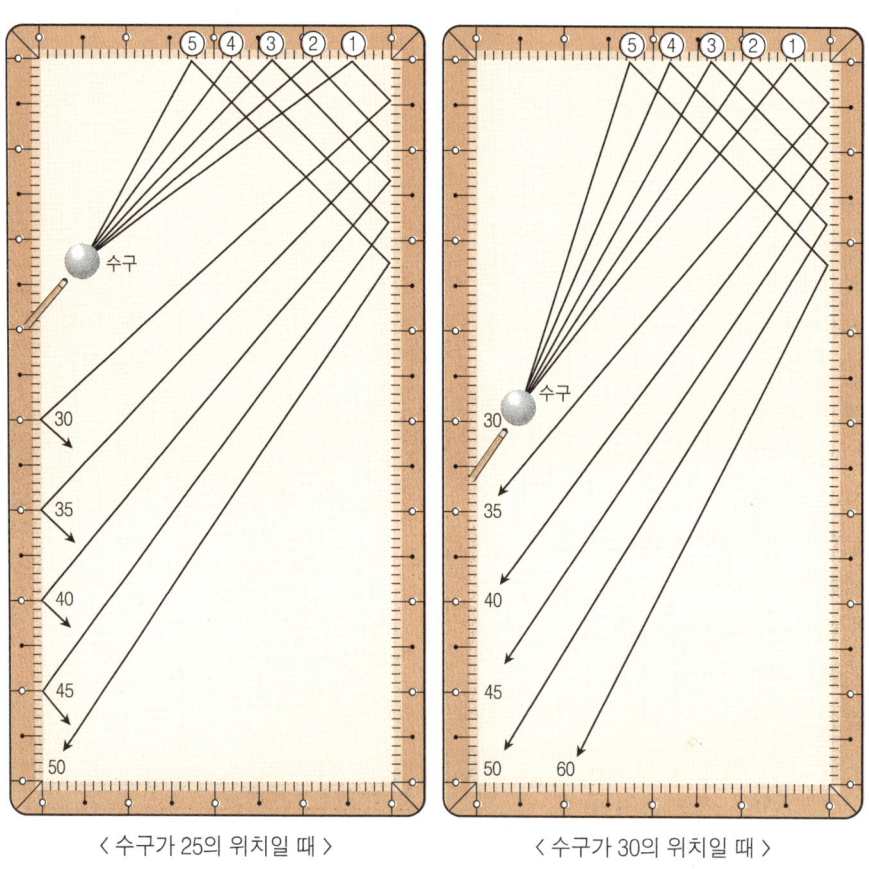

〈 수구가 25의 위치일 때 〉　　〈 수구가 30의 위치일 때 〉

수구 40에서의 진로이다. 수구의 입사각은 둔각이 되면 그다지 쿠션을 하지 않게 된다. 이 경우는 예각이므로 쿠션에 구애받지 말고 부드럽게 쳐내기 바란다.

수구 45에서 쿠션 시키면 ①을 제외한 다른 것은 반대쪽의 짧은 쿠션에서 스리 쿠션 한다. ①에 넣었을 때는 자기 앞쪽의 코너 50의 위치에 되돌아온다.

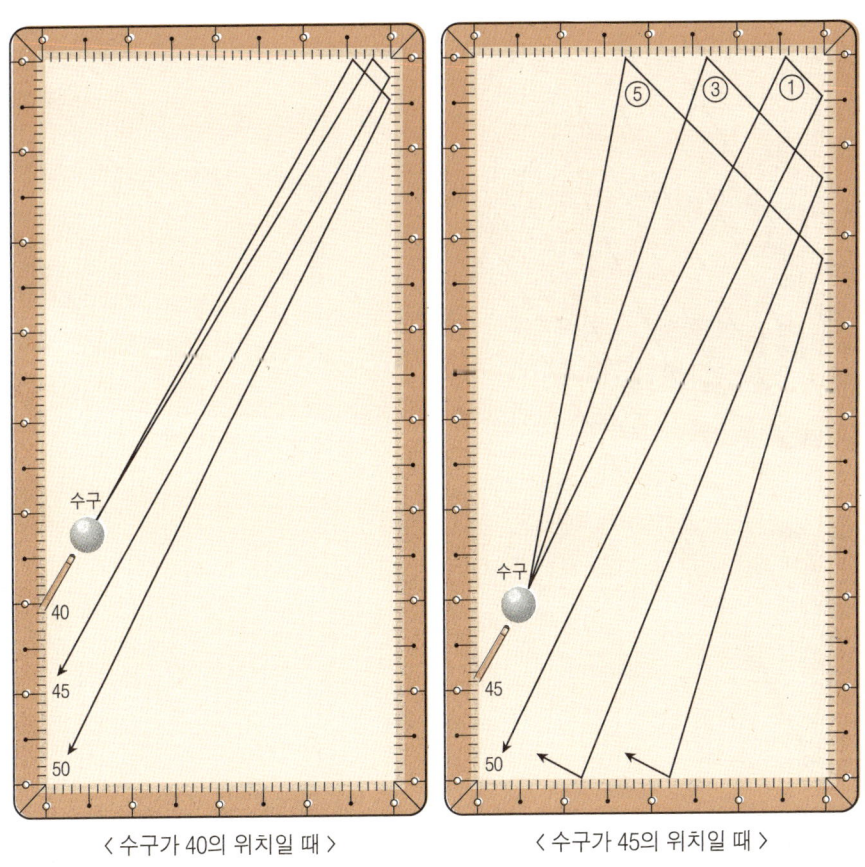

〈 수구가 40의 위치일 때 〉　　〈 수구가 45의 위치일 때 〉

플러스 토우 시스템을 연습하는데 있어서 이와 같이 수구를 정확하게 50의 위치에 가져오는 연습을 하기 바란다.

수구 위치를 여러 가지 변화시켜서 정확한 쳐내기를 연습하기 바란다.

플러스 토우 시스템을 응용한 공의 타구법이 한 예이다. 이 경우 수구 위치는 점선을 연장한 끝의 25가 된다. 25에서 ①에 쿠션 시키고 30에 쿠션 시켜 제2적구에 맞힌다.

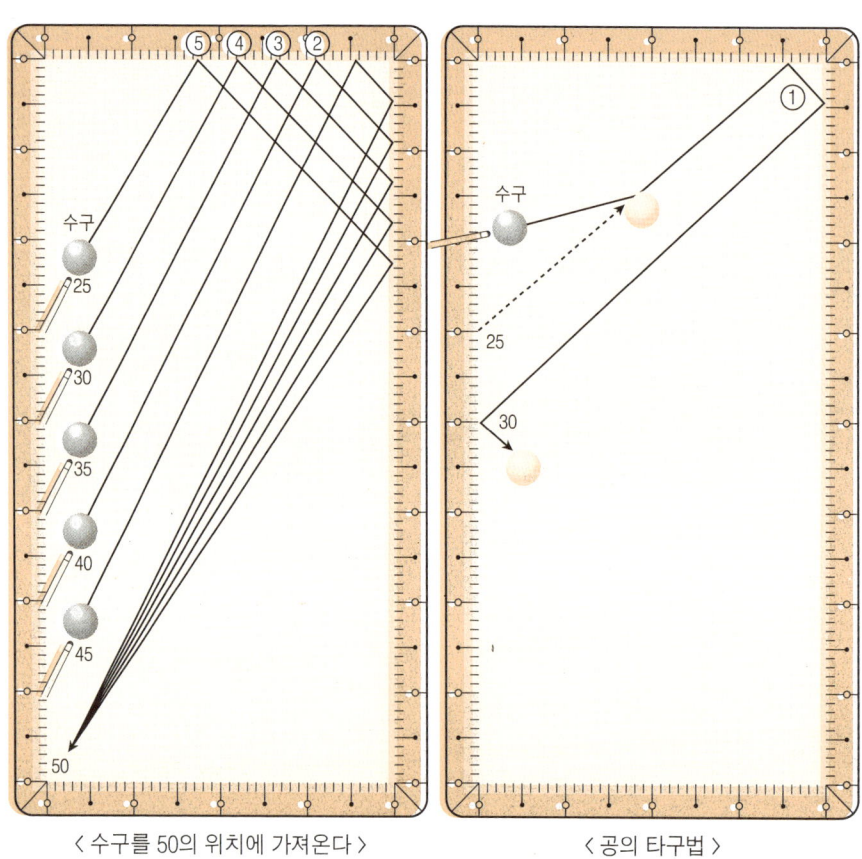

〈 수구를 50의 위치에 가져온다 〉　　　〈 공의 타구법 〉

맥시멈 잉글리시 시스템

파이브 앤드 하프 시스템으로는 타구 법에 따라서 계산대로의 진로를 수구가 진행하지 않는 경우가 있다. 이것을 보완하기 위해 수구에 강한 비틀기를 걸어서 시스템대로 공을 굴리는 테크닉이 맥시멈 잉글리시 시스템이다.

수구의 당점은 이 시스템에서 왼쪽 옆 밑이나 오른쪽 옆 밑이 된다. 모두 순 비틀기로 너무 강하게 치면 빗나가므로 보통 이하의 힘으로 치기 바란다.

이 시스템을 연습하는데는 비틀기의 테크닉이 필요하다. 각자의 한계까지 비틀어주기 바란다. 비틀기가 약하든지 힘이 너무 강하면 계산대로의 코스를 취하지 않는다.

그림은 맥시멈 잉글리시 시스템으로 수구를 스리 쿠션 시켜 짧은 쿠션의 중앙에 되돌리기 위한 타구 법을 도해한 것이다.

보통의 타구법과는 최소의 포인트가 달라져 있다.

이 경우, 본래라면 긴 쿠션의 세 번째의 포인트를 겨냥하지만 1개 포인트를 비키어 놓고 4번째의 포인트를 향해서 쳐낸다. 비틀기는 최대한 걸어주기 바란다.

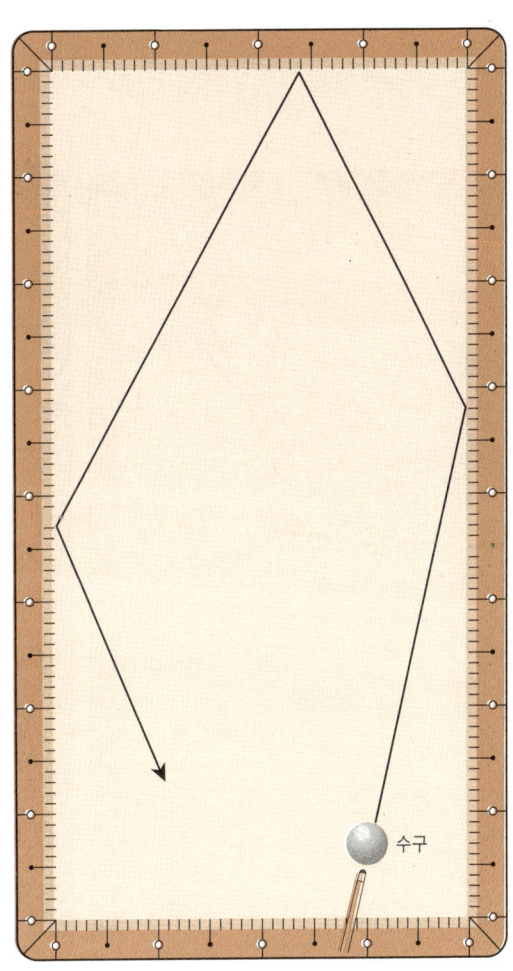

〈 쿠션의 중앙에 되돌리기 〉

코너에 있는 수구를 대각의 코너에 빠듯이 비틀기를 걸어서 쳐내면 긴 쿠션의 제2 포인트와 제3포인트의 중간으로 되돌아온다. 힘 가감을 변화시켜 연습하기 바란다.

최대한 비틀기를 걸어서 쳐내어 코너를 겨냥했을 때 수구의 진로를 나타낸 것이다. 비틀기가 약하면 정확하게 이 코스로 진행하지 않으므로 주의하기 바란다.

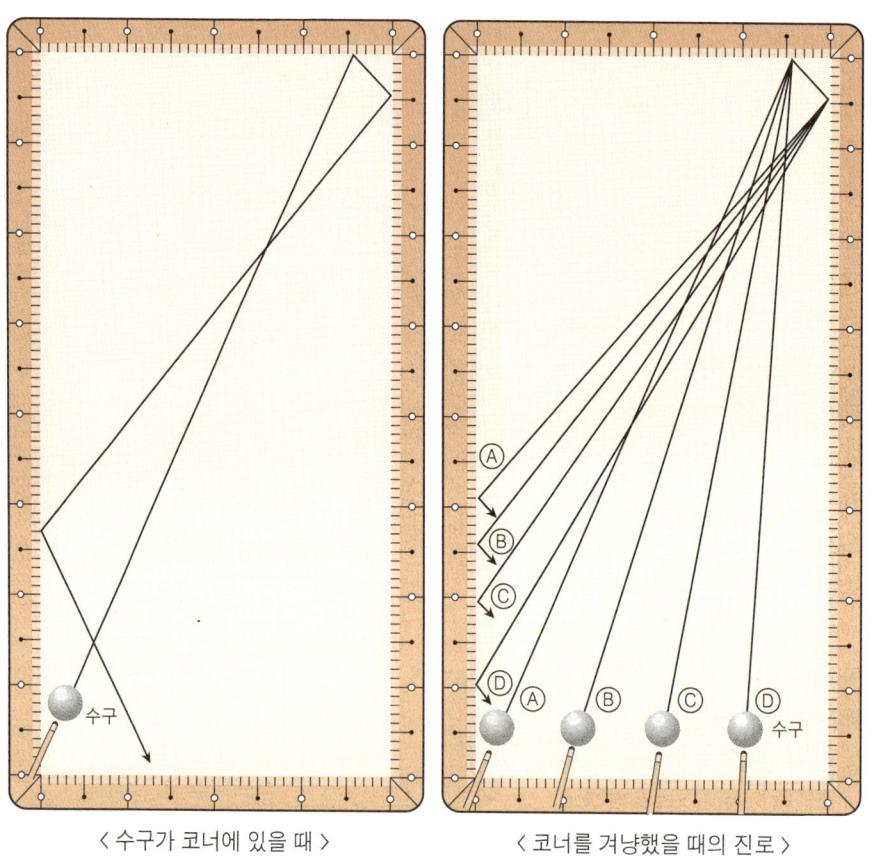

〈 수구가 코너에 있을 때 〉　　〈 코너를 겨냥했을 때의 진로 〉

맥시멈 잉글리시 시스템을 응용하여 제1적구에 맞힌 다음 스리 쿠션 시켜서 제2적구에 맞히는 타구법이다. 제1적구에 두께를 거는 법이 중요한 포인트가 된다.

이와 같이 수구를 빈 쿠션 시키고 스리 쿠션 시킨 후에 제1, 제2적구에 맞히는 타구법일 때에도 한계까지 비틀기를 걸어서 칠 필요가 있다.

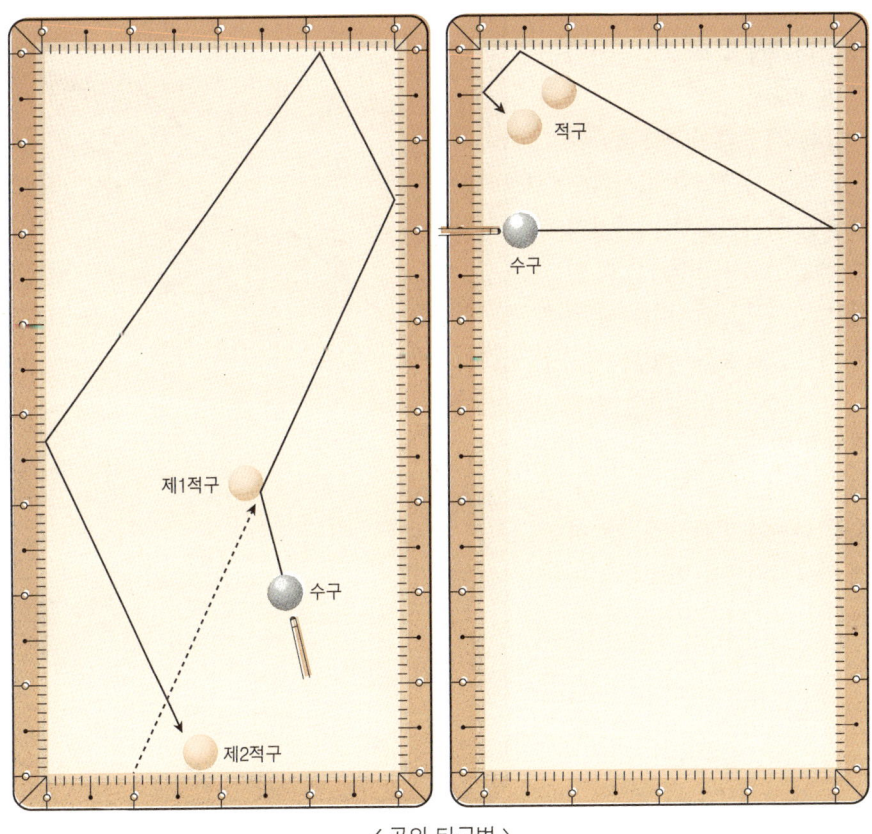

〈 공의 타구법 〉

노 잉글리시 시스템

수구에 전혀 비틀기를 걸지 않고 쳐냄으로써 진로를 정하는 시스템이다. 실제의 경기에서 응용되는 경우는 그다지 많지 않으나 기본적인 테크닉의 하나이다.

이 시스템은 입사각과 반사각이 같다는 원리에서 성립되어 있다. 초심자에게는 매우 계산하기 쉬운 시스템이라고 말할 수 있다.

당점은 공의 중심인데 큐를 최대한 쳐 낸다. 너무 강하게 치면 계산대로의 코스를 수구가 굴러가지 않으므로 주의하기 바란다.

큐를 사용하여 제1쿠션에 수구의 입사각도와 반사각도를 눈으로 확인한다. 마찬가지로 제2쿠션, 제3쿠션으로 입사각, 반사각을 계산하되 수구를 예각으로 넣기 바란다.

노 잉글리시 시스템은 응용 범위가 좁아지지만 스리 쿠션의 기본이 되는 시스템이다. 수구 위치를 변화시켜 정확하게 반사시키도록 연습하기 바란다.

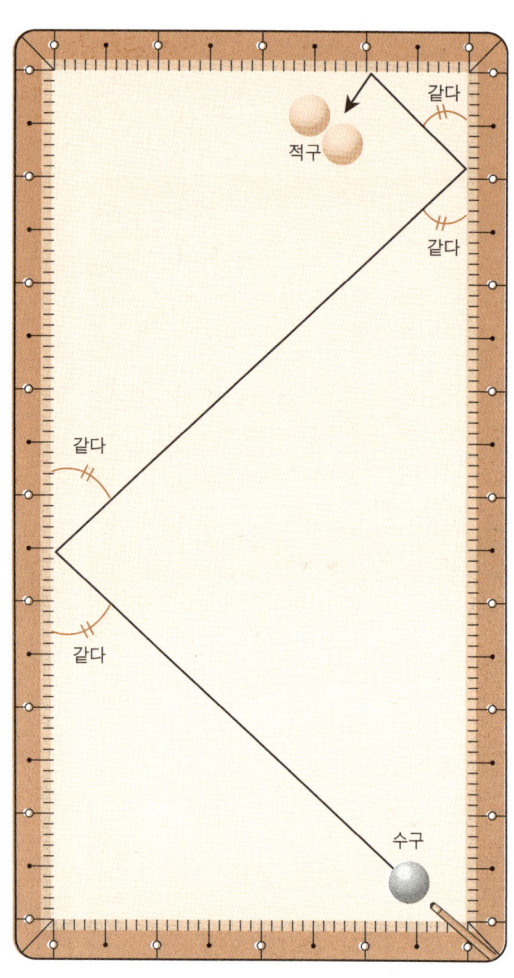

〈 노 잉글리시 시스템의 원리 〉

더블 레일 시스템

더블 레일 시스템은 다음에 설명하는 리보이스 시스템과 함께 역비틀기를 걸어서 수구의 진로를 조정하는 시스템이다.

더블 레일 시스템의 당점은 수구의 왼쪽 옆, 혹은 오른쪽 옆을 쿠션에 대해 역비틀기가 되도록 쳐 낸다.

이 경우, 역비틀기의 거는 법으로 쿠션의 각도가 달라지게 되므로 연습하여 자기의 역비틀기의 한계와 쿠션 각도를 외워둘 필요가 있다.

수구가 왼쪽에서 쿠션에 들어가 오른쪽으로 반사하는 경우, 수구의 왼쪽을 치면 제1쿠션에 들어가 제2쿠션에 반사했을 때 좌회전을 유지하고 있다. 그 때문에 수구는 또다시 제1쿠션으로 되돌아온다.

그림과 같은 공의 배치일 때 다른 시스템을 사용하는 것보다 이 더블 레일 시스템으로 간단하게 칠 수 있다.

이 경우, 수구에 최대한 왼쪽 옆치기로 역비틀기를 걸지 않으면 그림과 같은 진로를 잡을 수 없다. 자기 비틀기의 한계를 알고 제1쿠션에 넣는 포인트를 찾기 바란다.

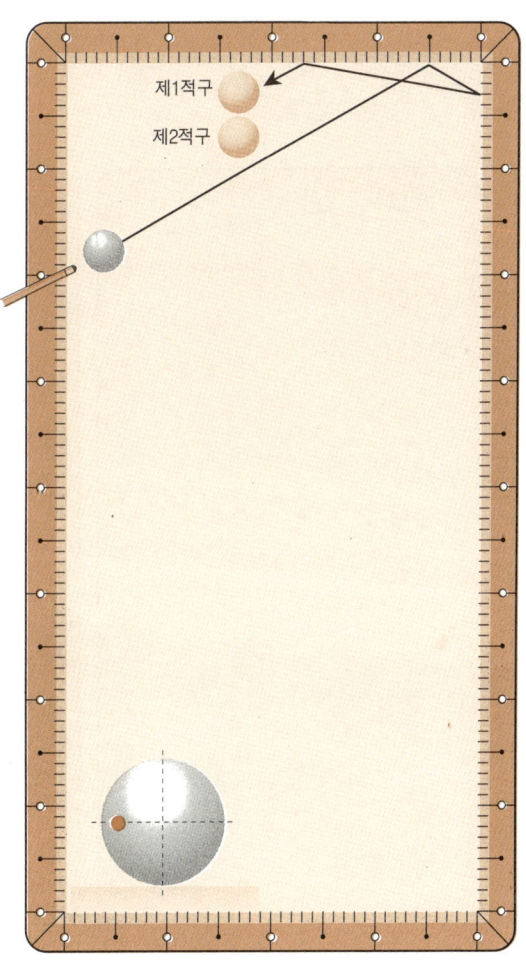

〈 더블 레일 시스템 〉

아래 그림과 같은 경우, 빈 쿠션으로 수구를 스리 쿠션 시켜 칠 수도 있지만, 역비틀기를 걸어서 짧은 쿠션으로 넣으면 긴 쿠션에서 짧은 쿠션으로 되돌아가 제2적구에 맞게 된다.(왼쪽 그림)

오른쪽 그림과 같이 공이 배치되어 있을 때는 똑같은 역비틀기이지만 왼쪽 옆의 위쪽을 강하게 친다. 역비틀기로 밀어 친 상태이기 때문에 수구는 실선과 같은 코스를 짧은 쿠션으로 굴러가게 된다.(오른쪽 그림)

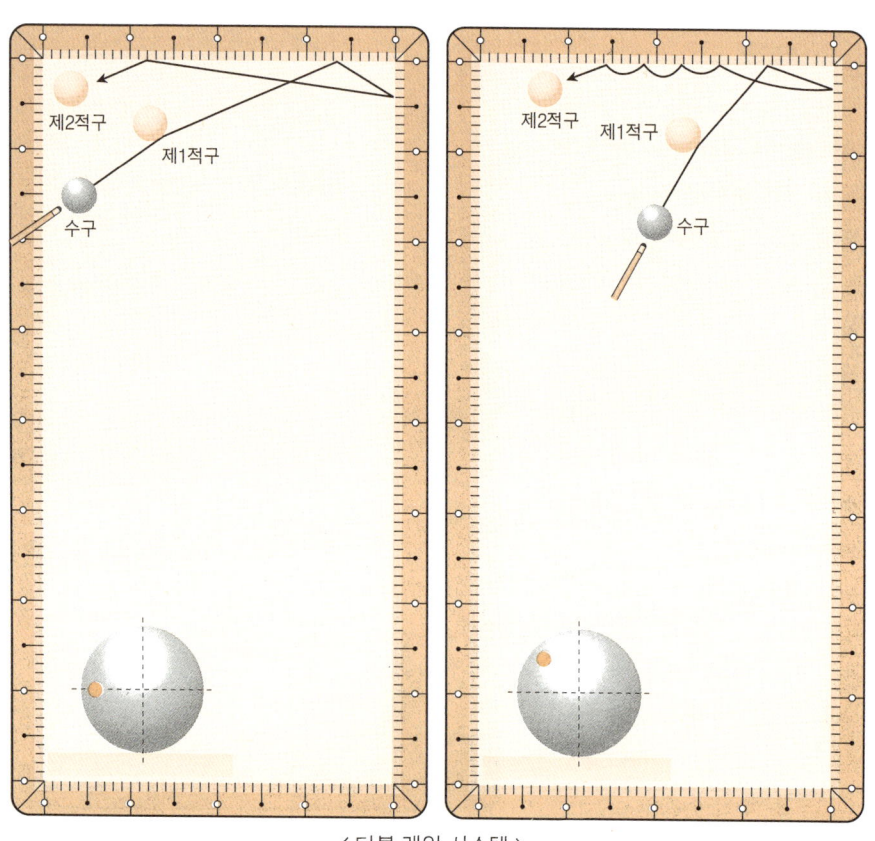

〈 더블 레일 시스템 〉

리보이스 시스템

이것도 역비틀기를 사용한 시스템이다. 이 시스템에서는 비틀기가 약하거나 클로스가 눅눅해 있거나 하면 계산대로의 코스로 진행하지 않는 경우가 있다.

이 시스템에서는 힘 가감이 매우 중요한 포인트가 된다. 역비틀기를 걸어 약간 강하게 쳐내면 수구는 제1쿠션에 들어가도 아직 전진 운동의 힘이 강해 입사각과 같이 반사해 간다.

다음에 제2쿠션에 들어갔을 때, 역비틀기의 옆 회전의 힘이 전자 운동의 힘보다 강하게 되어 있으므로 순 비틀기를 걸어서 쿠션에 넣는 것과 같은 각도로 반사한다.

즉 입사각보다 반사각이 크게 되는 것이다.

이와 같이 제1쿠션에서는 정상으로 반사시키고 제2쿠션에서는 순 비틀기로 반사하도록 수구를 조정한다. 이때 역비틀기의 거는 법과 힘 가감이 대단히 중요한 포인트가 된다.

리보이스 시스템을 그림에서는 빈 쿠션으로 나타내고 있으나 제1적구에 맞힌 다음 쿠션에 넣은 수구를 제2쿠션에서 순 비틀기로 반사시키는 등의 응용을 할 수 있다.

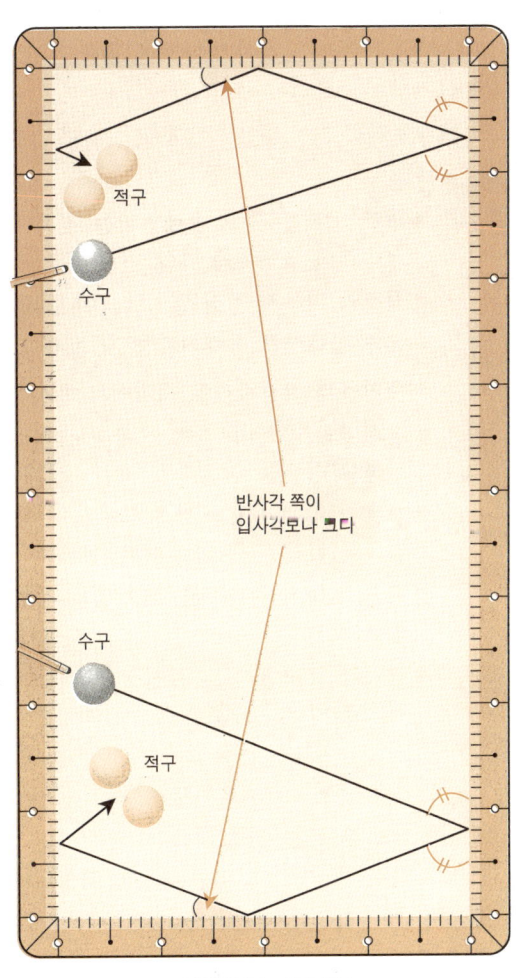

〈 리보이스 시스템 〉

❖ 당구의 에티켓 ❖

당구는 두뇌를 써서 하는 멋진 경기이다. 어떤 스포츠도 마찬가지이지만 올바른 매너로 경기할 필요가 있다.

승부를 겨루는 경기이기 때문에 룰을 지키고 에티켓을 지켜서 공명정대하게 대결하는 것이 중요하다.

경기 중이나 관전 중을 막론하고 다음과 같은 에티켓을 지켜 나가기 바란다.

- 입에 담배를 물고 플레이하는 것은 하지 말자. 담배는 지정된 장소에서 피우도록 하자.
- 감정에 치우쳐 거친 말이나 난폭한 행동은 하지말자.
- 음주 상태에서 플레이를 하지 말자.
- 테이블의 가장자리에 재떨이나 음식물을 놓지 않도록 하자.
- 상대방의 플레이 중에 돌아다닌다든지 소리를 낸다든지 하여 신경을 집중할 수 없도록 하는 행동은 하지 않도록 하자.
- 큐를 거칠게 다루든지 휘두르든지 하여 남에게 상처를 입히지 않도록 하자.
- 다른 구대에서 경기를 하고 있는 사람들에게 방해가 되는 타구법은 하지 않도록 하자.
- 경기가 끝나면 큐는 지정장소에 돌려놓고 공은 클로스로 깨끗하게 닦아 놓는다.

이런 것은 모두 기본적인 에티켓이다. 당구는 신사의 스포츠라는 것을 항상 염두에 두고 플레이하도록 하자.

또 자기가 겨냥했던 것과는 다른 방향으로 수구나 적구가 달려가서 요행으로 점수를 얻었을 때에는 『실례』라고 가볍게 인사를 하는 것도 매너의 하나이다.

제 5 장
포켓 당구의 실전 테크닉

포켓 경기

포켓 경기

포켓 경기에는 많은 종류가 있다. 그 중에서도 가장 대중적인 것이 로테이션 경기이다.

룰이나 세부적인 경기 규칙에 따라서 각 경기는 분류되고 있으나 수구를 적구에 맞혀서 포켓에 넣는다는 점이 공통이다. 캐롬 경기와 근본적으로 이점에서 다르다.

그 밖에 테크닉은 거의 캐롬 경기의 테크닉과 같으므로 여기서는 포켓하는 방법에 관해서 설명한다.

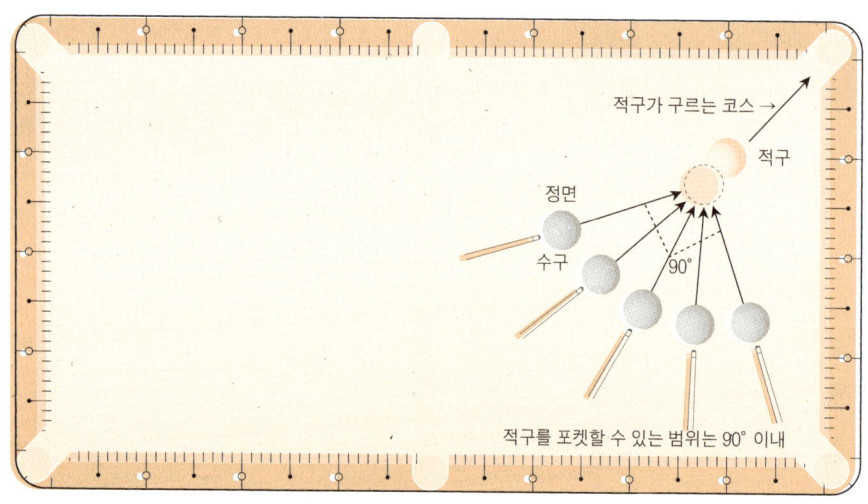

〈 포켓의 기본적인 겨냥법 〉

기본적인 겨냥 법

　포켓에 적구를 넣는 데는 먼저 적구에 수구를 어떻게 맞히면 어떻게 진행하는가를 외워야 한다. 기본적으로 적구는 수구가 맞는 순간에 수구와 적구의 중심을 연결한 선상에 굴러간다. 따라서 앞 페이지 그림으로도 알 수 있듯이 적구를 포켓할 수 있는 범위는 적구가 포켓에 향하는 선에 대해 수구가 90°이내이어야 한다.
　우선 중심치기로 여러 가지 각도에 수구를 놓고 연습하기 바란다. 아래 그림은 스트레이트로 수구를 적구에 맞힌 경우와 조금씩 두께를 변화시켜 갔을 경우, 적구의 진행법을 나타낸 것이다. 타구 법은 모두 중심치기이다.
　중심치기가 아니고 비틀기를 가하면 적구의 분리 각은 그림과는 약간 달라진다. 그러나 초심자는 우선 중심치기로 두께를 변화시켜 연습을 하지 않는 것이 좋다고 생각한다. 몇 번이고 중심치기를 연습하여 정확하게 포켓하는 것이 실력 향상의 지름길이다.

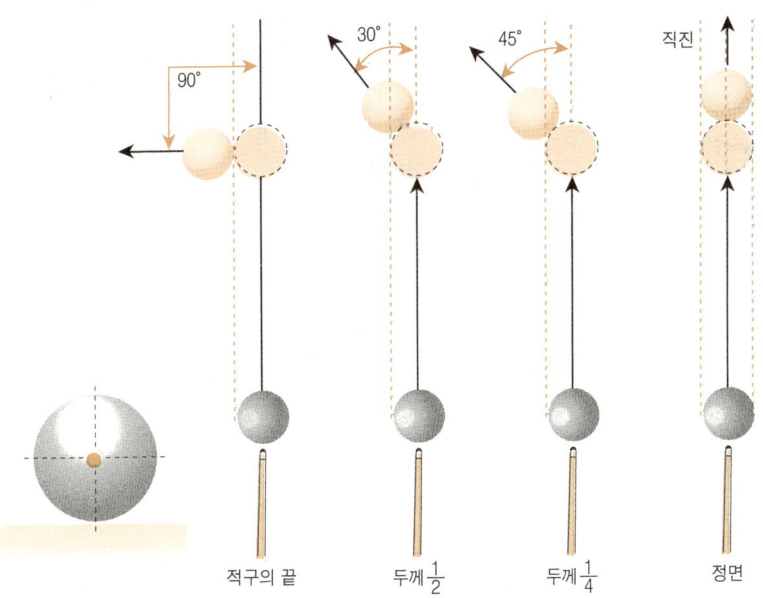

〈 두께를 변화시켰을 때의 포켓에의 적구의 진행법 〉

비틀기를 걸었을 때 적구의 진로 변화를 설명하면 순 비틀기(적구의 왼쪽을 겨냥할 때에는 오른쪽 옆을 친다)를 걸면 적구의 분리 각은 커지고 역비틀기이면 예각이 된다. 수구가 적구에 대하여 90°이상의 위치에 있을 때에는 비틀기를 걸어서 치게 된다.

중심치기를 연습할 때는 두께가 얇을수록 겨냥점이 적구 밖으로 나오므로 그 겨냥점에 정확하게 큐를 내밀기 바란다.

뱅크 샷의 겨냥 법

『뱅크 샷』은 쿠션을 이용하여 포켓에 넣는 포켓 경기의 기본 테크닉의 하나이다.

포켓 경기에서는 다음에 포켓 하는 공이 지정되는 경기가 많고 뱅크 샷을 사용하는 경우가 많아진다.

쿠션 할 때의 원리는 캐롬 경기에서도 설명한 바와 같이 입사각과 반사각이 같다는 원리를 응용한다.

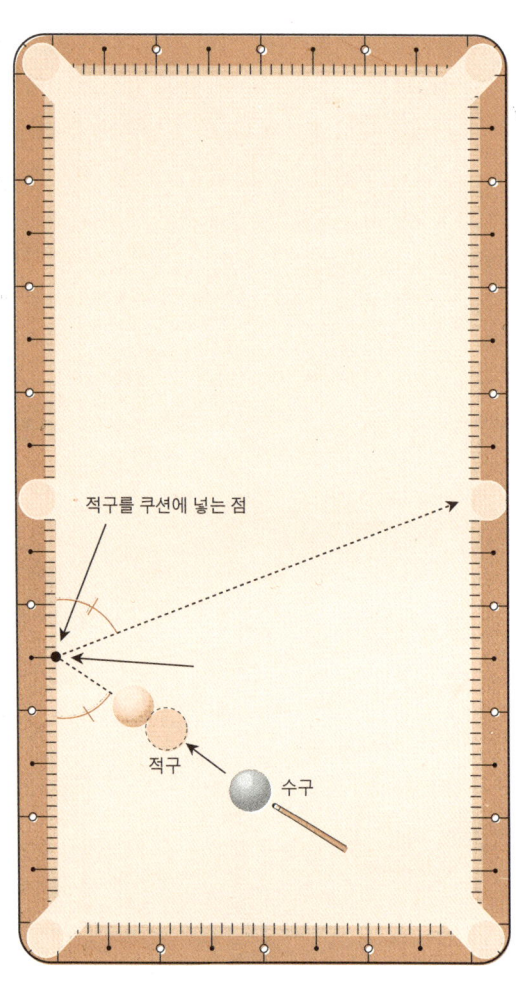

〈 뱅크샷의 기본적인 겨냥법 〉

그림과 같이 적구의 중심과 포켓의 중심을 2등분한 점을 쿠션 위에 구하고 그 포인트에 적구를 쿠션 시키는 것이다.

중심치기를 하지 않으면 올바르게 입사각과 반사각이 같아지지 않으므로 중심치기로 반복 연습하기 바란다.

쿠션을 잘 사용할 수 있게 되면 득점하기가 매우 쉬워진다. 상급자가 되면 뱅크 샷에서도 비틀기를 걸어서 반사각을 조정할 수 있게 된다.

적구가 쿠션에 접촉하고 있는(프로즌) 상태일 때 보통의 겨냥점으로는 포켓하지 않는다. 프로즌 상태일 때에는 그림과 같이 적구와 포켓의 중심을 연결한 선을 긋고 쿠션에서의 각도를 구한다. 반대쪽에 같은 각도를 구하고 적구의 중심과 연결한 선이 겨냥하는 방향이 된다.

그 방향을 향해서 정확하게 큐를 쳐내면 적구는 그림과 같은 코스로 포켓한다.

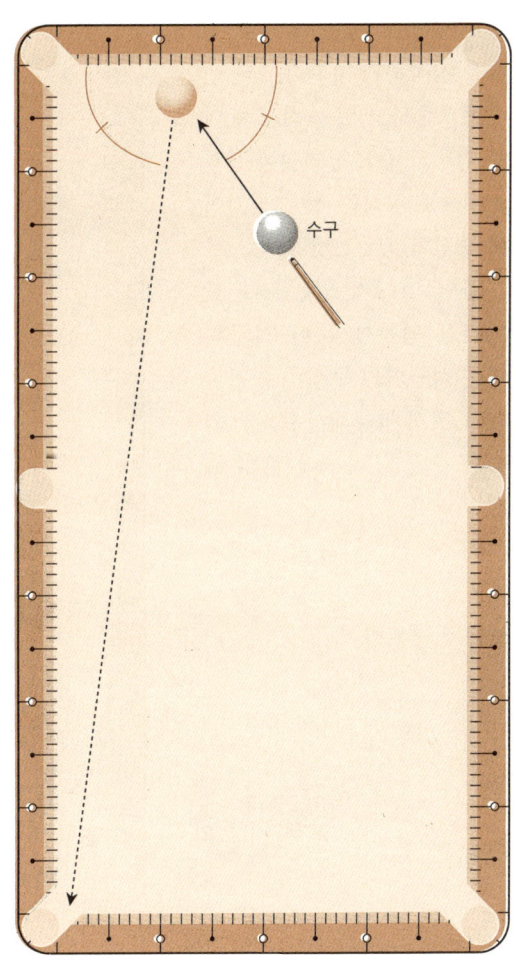

키스 샷의 겨냥 법

수구를 직접 적구에 맞히는 것만으로는 포켓 할 수 없는 배치로 되어 있을 때 다른 공에 적구를 맞혀서 포켓 시키는 방법을 『키스 샷』이라고 말한다. 키스 샷에는 적구와 키스시키는 공이 접촉하고 있는 경우와 떨어져 있는 경우가 있다.

공이 접촉하고 있는 편이 간단하게 포켓 하므로 초심자는 접촉하고 있는 상태로 연습을 시작하기 바란다.

프로즌하고 있는 적구와 다른 적구의 중심을 연결한 선과 포켓으로 향하는 선이 직각이면 중심치기로 포켓 한다.

공이 떨어져 있는 경우도 이것을 염두에 두어 적구와 다른 적구와의 중심을 연결한 선이 포켓에 대해서 90°가 되도록 수구를 적구에 맞혀 주기 바란다.

이 겨냥점을 틀리게 되면 키스한 후 적구는 포켓에 들어가지 않는다.

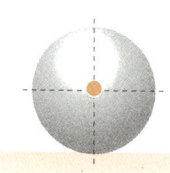
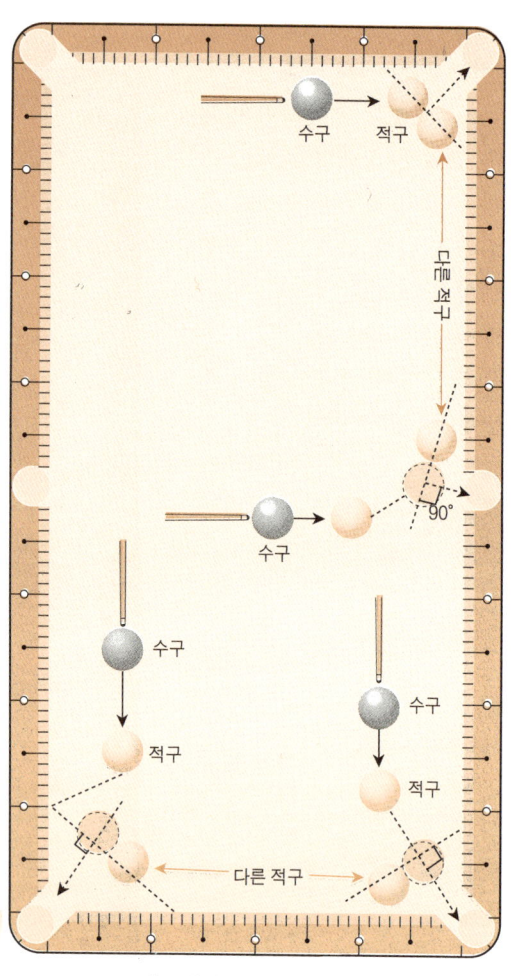

〈 키스샷의 기본적인 겨냥법 〉

아래 그림은 키스 샷의 연습용으로 포켓하기 쉬운 배치에 공을 배열한 것이다. 이 배치 에서 정확하게 포켓 할 수 있도록 반복하여 연습하기 바란다.

아래 그림과 같은 배치의 경우는 중심치기를 하면 적구와 다른 공과의 중심을 연결한 선에 대해서 90°의 각도로 진행되기 때문에 포켓에는 들어가지 않는다.

이런 때에는 중심 밑을 강하게, 적구에는 두껍게 맞히도록 친다. 그렇게 하면 적구는 90°보다도 작은 각도로 분리하여 포켓 한다. 이와 같이 키스 샷에는 배치에 따라서 다른 타구 법을 하는 경우가 있다.

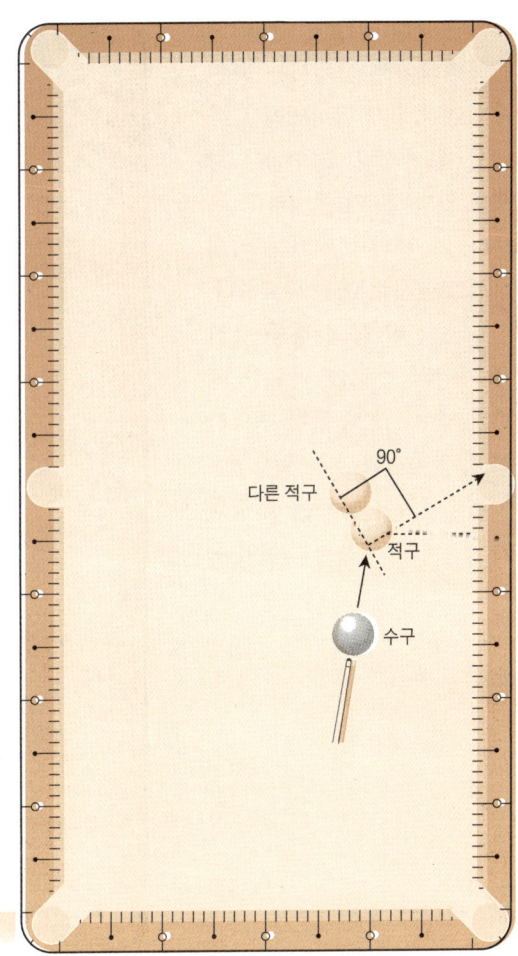

〈 키스 샷(수구의 중심 밑을 쳤을 때) 〉

콤비네이션 샷

겨냥한 적구에 수구를 맞히지 않고 다른 공에 맞히고 그 공이 적구에 맞아 적구를 포켓하는 방법을 『콤비네이션 샷』이라고 말한다.

기본적인 겨냥 법은 포켓에 넣는 적구와 수구를 맞히는 적구의 중심을 연결한 선의 연장 상에 포켓이 있을 것 같이 수구를 맞힌다.

콤비네이션 샷에서는 최종적으로 포켓에 떨어뜨리는 공에서 세 번째의 공(수구의 경우도 있다)을 키 볼이라고 부른다. 키 볼의 위치가 콤비네이션 샷에서는 매우 중요하다.

수구가 키 볼의 경우 당점에 따라서 진로에 미묘한 변화가 일어나므로 특히 주의하여 치기 바란다.

콤비네이션 샷은 응용 범위가 넓고 많이 사용하는 샷이다.

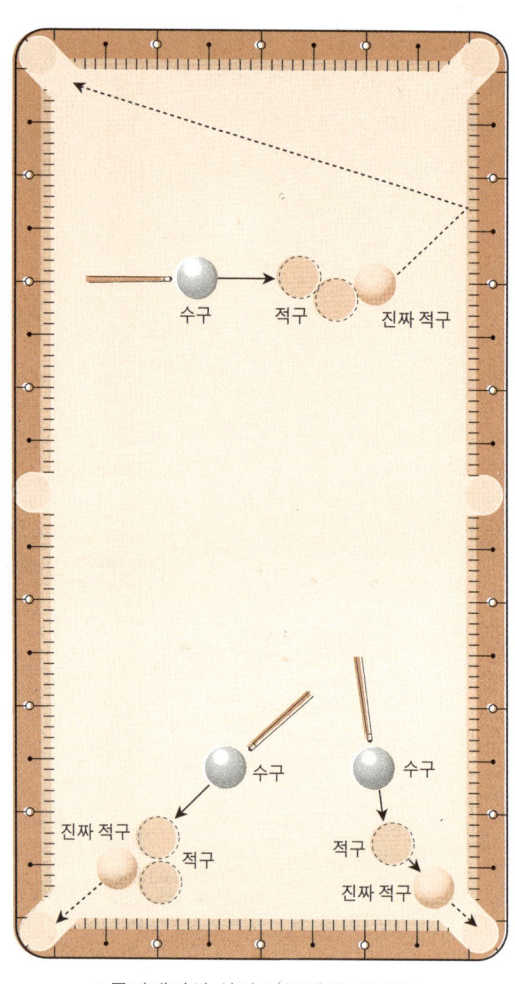

〈 콤비네이션 샷의 기본적인 겨냥법 〉

그러나 공의 배치에 따라서는 매우 고도의 판단이 요구되는 샷이기도 하다. 올바른 접점을 계산할 수 있도록 훈련하기 바란다.

다음 그림과 같이 공이 배치되어 있을 때의 키 볼은 B가 된다. B는 최종적으로 떨어뜨리는 공 C에 대하여 일직선의 상태로 포켓에 향하고 있다.

이런 때는 제1적구가 A, B 어느 쪽이라도 또 수구가 A, B 어느 부분에 맞더라도 C는 포켓에 들어간다. 실제로 이와 같은 배치를 하고 쳐보면 잘 알 수 있다.

키 볼의 중심과 포켓에 넣는 적구의 중심을 연결한 연장선이 적구의 진로가 되는 것이다.

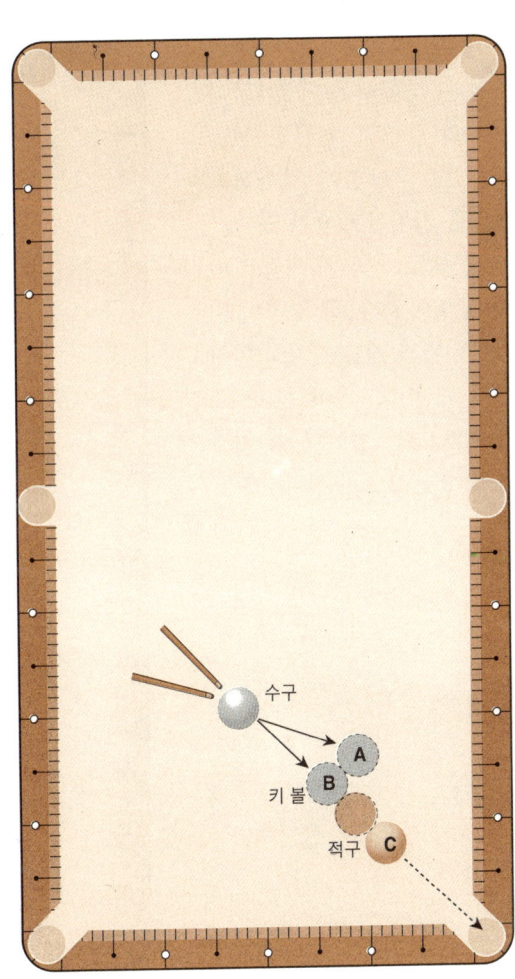

〈 콤비네이션 샷 〉

캐논 샷

4구 경기나 3구 경기와 같이 수구를 한 번 제1적구에 맞히고 제2적구에 맞혀 포켓 시키는 방법을 『캐논 샷』이라고 말한다.

4구 경기에서는 제2적구에 맞추기만 하면 득점이 되지만 포켓 경기에서는 그 후의 제2적구의 진행하는 코스가 중요하다.

캐논 샷에서는 제2적구와 포켓의 중심을 연결한 선을 긋고 그 겨냥점에 정확하게 수구를 가져갈 필요가 있다.

타구법도 적구의 배치에 따라서 밀어치기, 끌어치기, 비틀어치기와 캐롬 경기도 마찬가지로 변화시켜야 한다. 또 두께의 거는 법이나 힘 가감도 중요한 요소가 된다.

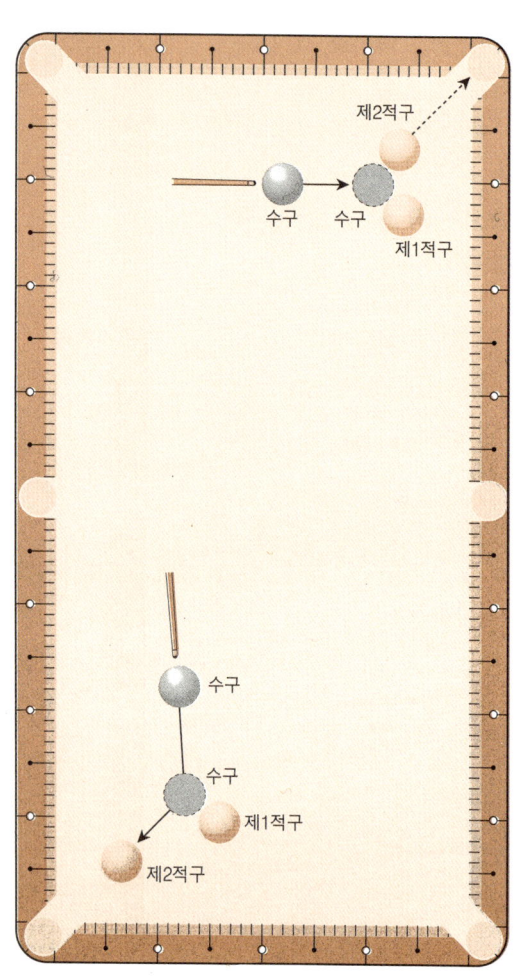

〈 캐논 샷의 기본적인 겨냥법 〉

캐논 샷을 완벽하게 마스터하면 포켓 당구에서는 고득점이 가능하게 된다.

배치를 보고 이것을 옆 비틀기로 캐논 샷 하면 그 자리에서 타구법이 머리에 떠오르게 되면 상급자이다.

포켓 당구의 실력 향상을 위해서 지금까지 설명한 여러 가지 샷을 배워 익히는 것과 캐롬 경기에 있어 공의 타구 법을 잘 짜 맞추어서 테크닉을 연마할 필요가 있다.

기술이 향상되면 자연스럽게 상황에 적응한 샷 방법이 떠오르게 된다.

연습을 되풀이하여 테크닉을 몸에 익히고 그 요령을 터득하기 바란다.

〈 캐논 샷 〉

Billiard Guide Book

부록
당구 용어 해설

ㄱ

걸쳐치기 | 수구를 먼저 쿠션에 맞히고 튕겨져 나온 수구에 맞고 다시 그 반동으로 제2적구에 맞도록 치는 방법. 일본 용어로는 '히까께 다마'라고 하는데 '걸쳐치기'라고 해야 한다.

공(Ball) | 공은 경질의 플라스틱제와 상아제로 된 두 종류의 것이 있는데, 세계 모든 나라의 공식 경기에서는 플라스틱제의 공을 지정하고 있다. 캐롬계의 경기에서는 빨간 공과 하얀 공으로 된 것만 사용하고, 포켓계의 경기에서는 1~15까지의 숫자가 든 것과 하얀 공이 사용된다. 일본말로는 '다마'라고 부르는데 어디까지나 '공'이라고 불러야 한다.

공 착오 | 샷을 할 때, 자신의 지정 볼인 수구를 상대편의 공과 착각하여 샷을 하게 되면 '공 착오'라 하여 반칙이 된다.

공 쿠션 | 쿠션에 접촉해 있는 적구를 쿠션과 마찬가지로 사용하여 수구를 맞히고, 되 튕겨 나온 수구가 제2적구에 맞도록 치는 방법.

그라운드 마세(Ground masse) | 마세를 할 때 브리지(bridge)를 테이블에서 떨어지게 해서 치는 것.

그립(Grip) | 샷 할 때 큐의 배트를 잡는 방법.

끊어 끌어치기 | 공과 공이 매우 접근해 있을 때, 짧게 끊듯이 하여 끌어치는 것

끊어 밀어치기 | 공과 공이 매우 접근해 있을 때, 짧게 끊어서 밀어치는 것

끌어치기 | 밀어치기와는 반대로 수구의 중심 아랫부분을 친 공을 말한다. 역회전하면서 굴러간다. 적구에 맞았을 때 수구 자체의 회전에 의해 본래의 위치로 되돌아오려는 작용이 있기 때문에 이렇게 불리고 있다. 이 때는 드로 샷(draw shot)이 된다. 이것을 일본말로는 '히끼 다마'라고 하는데 '끌어치기'라고 해야 한다.

ㄴ

나인 볼 경기(Nine ball game) | 1~9까지의 번호가 들어간 공을 수가 적은 순으로 포켓에 넣는 세트 매치 경기(set match game)로서 9번 공을 포켓한 사람에게 세트 획득의 포인트가 주어지는 포켓 경기의 하나. 우리나라에서는 캐롬계의 당구대에서 하는 나인 볼 게임도 있다.

노 잉글리시 시스템(No english system) | 스리 쿠션 계산 방법의 하나. 이 시스템은 비틀기를 전혀 걸지 않는 중심치기에 의해서 스리 쿠션을 시키는 시스템이다. 이 시스템의 응용은 그리 많지 않으므로 우선, 입사각과 반사각이 같다는 원리에 따라서 스리 쿠션 치기가 될 수 있는가의 여부를 판단하면서 공이 들어갈 스리 쿠션 포지션을 재빨리 읽고 샷 하지 않으면 안 된다.

다이아몬드(Diamond) | '포인트' 라고도 한다. 테이블의 바깥 테에 끼워져 있는 표적으로 긴 쿠션에 7개, 짧은 쿠션에 3개가 있다.

당구대(撞球臺, Billiard table) | 당구대는 캐롬 게임용과 포켓 게임용이 있다. 캐롬용은 대・중・소의 크기로 세 종류가 있으며, 일반적으로 작은 대 라고 하는 것을 많이 사용하는데, 이것은 주로 4구 경기나 3구 경기에 사용된다. 반면에 큰 대는 스리 쿠션 경기가 주목적이다. 포켓용의 당구대는 크기에 있어서 거의 통일되어 있다. 당구대는 일반적으로 장방형 모양인데 4면을 구획짓고 있는 테두리는 고무 쿠션이 있고, 이를 고정시키는 틀이 있다. 틀 위에는 포인트가 새겨져 있고 쿠션과 스페이스의 표면에는 클로스(cloth)가 입혀져 있다.

당점(撞點) | 큐를 수구로 칠 때의 팁(tip)과 수구의 접촉점. 수구의 겨냥 포인트.

더블 레일 시스템(Double rail system) | 스리 쿠션을 내기 위한 계산법의 하나. 여기에서 레일은 쿠션을 뜻한다. 수구의 비틀기를 결정할 때 쿠션의 내부(수구의 숫자, P로 표기)와 외부(도착점의 숫자, A로 표기)에 각각 0~4, 1~5의 번호를 부여하여, 'P+A=수구 비틀기' 라는 식으로 수구의 비틀기를 결정하는 방식.

되받아치기 | 샷을 할 때, 수구를 제1적구에 맞히고 난 다음 쿠션을 이용하여 제2적구에 맞히는 타구 법.

두꺼운 공 | 수구의 중심이 적구의 중심 가까이에 맞았을 때 '두꺼운 공' 이 라고 말한다. 수구로 적구를 맞힐 때 적구 중심부 가까이를 맞히면 '두껍게 맞힌다' 라고 말한다.

두께 | 수구를 적구에 맞힐 때 정면에서 보아서 그 수구와 적구가 겹치는 정도를 나타내는 말이다. 겹치는 정도가 크고 많을수록 '두껍다' 라고 하며 겹치는 정도가 작고 적을수록 '얇다' 라고 한다.

뒷공(後球) | 때린 뒤의 공의 배치. 큐에 맞은 수구가 제1적구, 제2적구 등에 맞은 뒤, 2개 또는 3개의 적구와 함께 다음에 때리기 쉬운 모양이 되는 것을 '뒷공이 좋다' 라고 말한다.

라운드 테이블(Round table) | '크게 돌려치기'라고도 하는데, 쿠션을 이용하여 제1적구를 크게 돌려 제2적구 가까이에 보내는 샷. 즉, 수구를 주위의 쿠션에 맞히고 크게 돌려서 적구에 맞히는 방법이다.

랙크(Rack) | 포켓 경기에서 경기 개시 때 공을 삼각형으로 세트하는 것.

런(Run) | 경기 때마다 플레이어가 올린 점수. 또는 포켓에 넣은 공의 수.

런 아웃(Run out) | 어떤 이닝에서 자신의 지점을 다 쳐낸 뒤에 게임이 종료 되는 것.

레스트(Rest) | 공을 칠 때 큐를 받치기 위해 쓰이는 단풍잎 모양의 기구.

로스트(Lost) | 공식 경기에서 게임에 지는 것을 말하며 L이라고 표기한다.

로테이션 경기(Rotation game) | 이 게임은 포켓 경기의 일종으로, 구대에 있는 공 중에서 가장 수가 적은 번호의 공부터 차례로 포켓에 떨어뜨리는 경기로 나인 볼 경기(아메리칸 룰에 의한 것)와 비슷하다.

리버스 시스템(Reverse system) | 역비틀기를 걸어 스리 쿠션을 성공시키는 기법. 이 시스템은 역비틀기 시스템이니만큼 공 잡는 범위에도 어느 정도 한정되어 있다. '리보이스 시스템'이라고도 한다.

리쿠 | 두 번 연이어 치는 것을 말한다. 옛날 리쿠군(육군의 일본어 발음) 군인이 열심히 당구를 치면서 두 번씩 연이어 치기를 예사로이 한 데서 온 말인데, 이것은 파울이다.

마세(Masse) | 큐를 거의 수직으로 세우고 수구를 치는 방법이다.

마중 나오기 치기 | 제1적구가 수구에 맞은 반동으로 전진하여 제2적구에 맞고, 제2적구가 쿠션에 맞은 뒤 튕겨 나와 수구와 부딪쳐서 득점하도록 치는 방법.

맥시멈 잉글리시 시스템(Maximum english system) | 맥시멈 시스템(maximum system)이라고도 한다. 스리 쿠션 기법 중의 하나로 파이브 앤드 하프 시스템을 보완하여 수구에 최대한의 비틀기를 가해 어긋남을 시정하려는 시스템이다.

모아치기 | 당구대 위에 흩어져 있는 공을 쳐서 득점하면서 한 곳에 모으는 것을 '공을 모은다'라고 한다. 모아진 공을 치는 것을 모아치기라고 한다.

미스 점프(Miss jump) | 수구의 너무 아래를 침으로 해서 수구가 점프하는 것을 말하는데, 이것은 반칙이 된다.

미스 큐(Miss que) | 샷을 할 때 큐가 손끝에서 미끌어져 샷을 실패하는 것을 말한다.

밀어치기 | 수구의 중심 윗부분을 친 공을 말한다. 수구는 전진 회전을 하며 적구로 향한다. 이 때는 폴로 샷(follow shot)이 된다. 일본말로는 '오시다마' 라고 하는데, '밀어치기' 라고 불러야 옳은 말이다.

밀어 빼어치기 | 수구에 맞은 적구가 쿠션에 부딪치고, 같은 쿠션에 맞은 수구와는 다른 방향으로 흘러가고 수구만이 제2적구에 맞도록 치는 방법.

ㅂ

반사각(反射角) | 공이 쿠션에 맞은 후 진행하는 각도. 반대는 입사각.

반사구(反射球) | 수구가 제1적구에 맞은 다음 쿠션으로 들어가고 그 반사로 제2적구에 맞도록 치는 방법이다.

뱅크 샷(Bank shot) | 포켓 경기에서 적구를 직접 맞혀 포켓에 떨어뜨리지 않고 한 번 이상 쿠션에 맞힌 뒤 적구를 포켓 시키는 샷.

보크라인 경기(Bulkino game) | 당구대 위에 초크로 9개나 6개의 제한선을 긋고, 또 선과 쿠션의 교점에 다시 제한 구역(앵커, anchor)을 만들어서, 각 구역 안에서는 1회나 2회밖에 치지 못하도록 하여 진행되는 경기.

브레이크 샷(Break shot) | 포켓 경기에서 경기 개시 때 래크한 공을 쳐서 흩트려 놓는 샷.

브리지(Bridge) | 보통 '큐걸이' 라고도 하는데, 큐를 고정시키고 공을 칠 때 큐의 앞부분을 받쳐 주는 손의 형태를 말한다. 포켓 경기에서 수구가 멀리 있어서 손으로 브리지를 만들어도 불안정할 때 쓰는 단풍잎 모양의 기구를 메커니컬 브리지(mechanical bridge)라고 말한다.

비틀어치기 | 수구 중심의 오른쪽 또는 왼쪽을 치면 수구는 옆으로 회전하면서 원을 그리며 진행하려고 한다. 이러한 공을 '비틀기를 준 공' 이라고 한다. 일본말로는 '히네리' 라고 하는데 '비틀어치기' 또는 '비틀기' 라고 해야 옳다.

빈 쿠션 | 볼의 배치에 따라 직접 적구에 맞히지 않고 바로 쿠션에 맞힌 뒤 제1적구, 제2적구를 차례로 맞히는 타법, 일본말로는 '가라 쿠션' 이라고 하는데 '빈 쿠션' 이라고 해야 한다.

ㅅ

4구 경기 | 가장 보편화된 경기로서 하얀 공 2개, 빨간 공 2개, 모두 4개로 2인 이상이 자기가 친 점수(1점씩)를 합산하여 자기의 핸디캡(handicap)에 먼저 도달하면 이기는 경기.

사이드 포켓(Side pocket) | 포켓 당구대에서 긴 쿠션 중앙에 있는 포켓.

삼각구(三角球) | 이것을 이지 볼(easy ball)이라고도 하는데, 수구, 제1적구, 제2적구가 삼각형과 같은 배치로 되어 있어서 가장 치기 쉬운 형태의 배치이다.

3구 경기 | 당구대의 네 귀에 구역을 설정하여 그 구역 안에서는 연속 2회 득점을 할 수 없게 한 경기로 하얀 공 2개와 빨간 공 1개로 행한다.

샷(Shot) | 공을 큐로 치는 것을 말한다.

서브(Serve) | 초구(初球)를 말하는데, 뱅킹에 따라 선공(先功)이냐, 후공(後功)이냐를 정한다. 포켓 경기에서는 브레이크 샷이라 한다.

세리(Series) | 연속 득점을 위해 한 곳에 모인 공을 흩어지지 않게 쳐나가는 것을 말한다. 수구와 적구를 삼각형의 형태로 유지하면서 쿠션을 따라 쳐나가는 것을 '아메리칸 세리'라고 한다.

세이프티(Safety) | 자기의 득점과는 상관없이 상대방의 득점에 불리하도록 수구를 이동시키는 것.

센터 스포트(Center spot) | 포켓 당구대의 중앙에 마크가 있는 점을 말하며, 이 점은 반칙이 됐을 때 공을 처리하기 위해 사용된다.

수구(手球) | 자기가 치는 공. 상대방의 수구와 똑같이 하얀 공이지만 어느 한쪽의 하얀 공에 검은 점이 박혀 있어서 상대방의 수구와 혼동되지 않게 하고 있다.

스리 쿠션 경기(Three cushion game) | 하얀 공 2개와 빨간 공 1개로 하는 3구 경기의 한 가지로 수구를 제1적구에서 제2적구에 맞히는 사이에 적어도 세 번 이상 쿠션에 넣지 않으면 득점이 인정되지 않는 경기 방식.

스코어보드(Scoreboard) | 경기중의 득점을 계산하기 위해 어린이가 숫자를 배울 때의 사용하는 완구 비슷한 모양으로 된 채점반을 말한다. 오른쪽에 50개의 알이 있고 5개째마다 색이 다른 알이 달려 있다. 왼쪽에는 같은 색깔의 알이 5개 달려 있는데 오른쪽의 50개를 전부 헤아렸을 때 왼쪽의 알 1개를 움직인다. 그 때 오른쪽의 50개의 알은 제자리에 돌려놓는다.

스크래치(Scratch) | 포켓 경기에서 수구가 적구에 맞지 않은 샷. 또는 수구가 포켓에 떨어진 경우.

스탠스(Stance) | 샷 할 때와 다리와 신체의 위치 및 모양. 스탠스에는 스탠더스 스탠스(standard stance)와 오픈 스탠스(open stance)가 있다.

스톱 샷(stop shot) | 중심치기를 말하며, 이 경우 수구는 적구에 맞은 다음 그 자리에 정지한다.

스트로크(Stroke) | 수구를 치는 준비 운동에서부터 치고 난 후까지의 일련의 동작. 수구를 타격하는 동작.

스포트(Spot) | 경기 시작 전에 볼을 놓는 장소. 구대의 제1, 제2의 다이아몬드를 잇는 선의 교점 또는 그 위에 볼을 놓는 것을 '스포트한다' 라고 한다.

얇은 공 | 적구의 가장자리에 수구를 맞힐 때 스칠 정도로 맞히는 것을 '얇게 맞힌다' 라고 한다. '두꺼운 공'의 반대. 얇은 공을 '패자 볼' 이라고도 하는데 어디까지나 얇은 공이라 불러야 옳다.

에이트 볼 경기(Eight ball game) | 1~15까지의 번호가 든 공과 수구로 게임을 하는 포켓 경기의 하나. 적구는 1~7을 로우 넘버 볼(low number ball. L로 표기)과 9~15를 하이 넘버 볼(high number ball. H로 표기)로 그룹을 짓고, 브레이크 샷 할 때 만약 H그룹 중의 하나를 포켓 했으면 H그룹의 것만을 적구로 삼아 포켓 해 나기는 경기 브레이크 샷에서 8번 공을 포켓하면 서비스 에이스(service ace)로 이기게 되지만 그렇지 않을 경우는 지는 것이 된다.

원 쿠션 잡기 | 수구를 득점할 때까지 한 번 쿠션에 맞도록 치는 방법.

이닝(Inning) | 플레이어가 샷 하는 횟수와는 별도로 시간제한 없이 실패하거나 경기가 끝날 때까지를 말한다.

이미지너리 포인트(Imagenary point) | 수구로 적구를 겨냥하여 수구가 적구에 맞았을 때의 수구 중심을 상상한 점을 말한다.

이지 볼(Easy ball) | 삼각구 참조.

임팩트(Impact) | 수구를 큐로 치는 순간. 즉, 수구와 큐가 맞부딪히는 순간.

입사각(入射角) | 공이 쿠션을 향해 진행하는 각도. 반대는 반사각.

잉글리시(English) | 수구를 우측이나 좌측으로 회전하게 하여 적구나 쿠션에 맞았다가 방향이 변하게 되는 타격 법.

적구(的球) | 수구로부터 최초로 겨냥하는 공. 즉, 친 수구가 최초에 맞는 공.

점프(Jump) | 큐 끝을 세우거나, 브리지를 낮추어서 쳤을 때 공이 튀겨 오르는 것. 이 때 수구가 테이블 밖으로 나가면 파울이다.

제2적구 | 수구가 제1적구를 맞힌 뒤 다음에 맞히는 공.

죽여치기 | 수구의 중심을 때려서 수구에 회전을 주지 않도록 치는 방법을 말한다. 적구에 맞은 수구는 그 자리에 정지하고 적구만이 앞으로 굴러가는 성질의 공이 된다. 이 타구 법은 샷을 할 때 수구의 힘을 약하게 하여 제1적구, 제2적구에 맞더라도 공을 흩어지지 않게 잡는 방법일 때 쓰인다.

줄판 | 팁 끝을 고쳐서 공을 치기 쉽도록 만들기도 하고, 초크가 팁에 잘 묻도록 하기 위해서 사용하기도 한다. 쇠판으로 된 것, 천 또는 종이로 된 것 등이 사용된다.

찬스(Chance) | 겨냥했던 공 이외의 적구에 맞힐 수 있는 경우. 4구 경기 등의 경우, 처음 자기가 겨냥한 공 이외에 운 좋게 맞는 경우가 있는데 이것을 미리 예측하고 있었을 경우 '찬스'라고 말한다.

초크(Chalk) | 공을 쳤을 때 미끄러지지 않도록 하기 위해 팁에 발라서 사용하는 것. 팁이 닿는 부분이 우묵하게 패어 있다. 초크를 사용하면 미스 샷을 방지할 수 있다.

캐논 샷(Cannon shot) | 포켓 경기에서 수구를 제1적구에 맞히고 동시에 제2적구, 제3적구를 맞혀서 1회 치기로 두 개 이상을 포켓에 떨어뜨리는 샷.

캐롬 경기(Carom game) | 수구를 2개의 적구에 연속해서 맞혀야 득점이 인정되는 경기

로, 4구 경기, 3구 경기, 스리 쿠션 경기 등이 있다.

코너 포켓(Corner pocket) | 포켓 당구대의 네 모서리에 위치하고 있는 포켓.

콜 샷(Call shot) | 포켓 경기 중의 하나인 14-1 래크 경기에서 플레이어가 득점하려고 하는 공과 포켓을 지정하여 행하는 샷.

콤비네이션 샷(Combination shot) | 포켓 경기에서 적구가 겹쳐 있어서 직접 그 적구를 포켓 할 수 없을 때 그 적구로 다른 적구를 겨누어서 공을 포켓 하는 것. 이 때 처음에 맞은 적구는 반드시 최소 번호의 공이어야 한다.

쿠션(Cushion) | 당구대의 안쪽에 둘러쳐 있는 삼각형의 고무로 높이는 36mm~38mm(포켓용은 약간 낮다). 긴 쪽을 긴 쿠션, 짧은 쪽을 짧은 쿠션이라고 한다.

큐(cue) | 큐 스틱(cue stick)이라고도 한다. 공을 치는 당구채. 일반적으로 길이는 138cm~147cm이고, 무게는 450g~650g인데 4구용, 스리 쿠션용, 포켓용 등 몇 가지 종류가 있다.

큰 돌리기 | 샷을 할 때 수구를 쿠션을 이용하여 크게 돌려서 적구에 맞히는 것을 말한다.

클로스(Cloth) | 당구대의 스페이스(면)와 쿠션을 덮은 나사(螺絲). 클로스는 녹색으로 공의 회전 운동을 스무드하게 유지해 주는 역할을 한다.

키 볼(Key ball) | 포켓 경기에서 2개 이상의 적구가 접촉해 있을 때, 포켓 하는 공에서 반대로 세어서 세 번째의 공을 말한다. 콤비네이션 샷에서 사용하는 용어이다.

키스(Kiss) | 공과 공이 겨냥과는 달리 맞부딪히는 것을 말한다. 즉, 수구가 적구에 맞은 뒤에 다시 맞거나, 적구끼리 충돌하는 것. 수구가 키스를 했을 때는 예정하지 않았던 방향으로 수구가 흐르기 때문에 득점을 하지 못하는 수가 많다.

키스 샷(Kiss shot) | 포켓 경기의 한 기술로, 수구를 적구에 맞힌 다음 그 반사를 이용해서 포켓 하는것.

테이크 백(Take back) | 샷 할 때 큐를 뒤로 빼는 동작.

투 쿠션 잡기 | 샷을 할 때 수구를 2번 쿠션에 맞힌 다음 적구에 맞히는 타구 법.

트라이앵글 래크(Triangle rack) | 포켓 경기에서 공을 래크할 때 쓰이는 삼각형 모양의 기구.

팁(Tip) | 큐 끝에 달린 부분으로 소가죽으로 되어 있다.

파

파울(Foul) | 부정(不正)한 샷. 예를 들면 동일 스트로크로 수구를 두 번 치거나 수구가 당구대로부터 벗어나 떨어졌을 때와 같은 경우이다.

파이브 앤드 하프 시스템(Five and half system) | 스리 쿠션을 어떻게 넣을 것인가를 정하기 위한 한 방법으로, 이 시스템은 구대의 포인트와 코너에 수구와 적구의 숫자를 적용시켜서 이를 바탕으로 하여, 수구로 제1적구를 맞히려고 할 때 수구를 어느 숫자에 넣으면 스리 쿠션을 시키면서 맞힐 수 있는가를 계산하는 방식이다.

포인트(Point) | 다이아몬드 참조

포인트 경기(Point game) | 포켓 경기 참조

포켓 경기(Pocket game) | 당구대의 네 귀와 긴 쿠션의 중앙에 2개의 포켓이 달린 포켓용 당구대에서 구대 위의 래크(공의 집단)한 적구(1~15까지의 숫자가 든 15개의 공)를 수구로 흩어지게 하면서 적구를 포켓에 넣는 방식의 경기. '포인트 경기'라고도 한다.

포틴 원 래크 경기(Fourteen one rack game) | 14-1 스트레이트 플레이(fourteen one straight play)라고도 하는데, 샷 하기 전에 노리는 적구와 그것을 넣을 포켓을 지정(콜, call)하여, 지정한 적구를 지정 포켓에 넣어야만 득점이 인정되는 경기.

폴로 스루(Follow through) | 수구를 타격한 후에도 큐를 정지시키지 않고 계속 내미는 동작.

풋 스포트(Foot spot) | 포켓 경기용 당구대에 표시되어 있는 스포트의 하나로 볼을 래크 할 때의 기준이 되는 점.

프로즌(Frozen) | 수구와 적구가 밀착된 상태로 터치 볼(touch ball)이라고도 한다. 즉, 공과 공이 접촉하여 전혀 틈이 없는 경우를 말한다.

프리 경기(Free game) | 보크라인 경기처럼 이 경기도 구대에 제한 코너를 설정하고 3구(빨간 공 1개, 하얀 공 2개)로 득점을 겨루는 게임이다. 구대의 네 개 코너를 긴 쿠션은 2포인트, 짧은 쿠션은 1포인트 지점에서 직선을 긋고 매개의 코너를 제한 존(zone)으로 하고 있다. 이 경기는 네 개의 제한 존을 제외하고는 연속 득점이 인정된다. 그러나 제한 구역 안에서는 연속 득점이 인정되지 않는다.

플러스 토우 시스템(Plus tow system) | 스리 쿠션 계산 방식의 하나로 파이브 앤드 하프 시스템으로는 계산이 성립되지 않는, 수구 포지션보다 적구 포지션이 클 때 이용되는 방식. 우선, 제1쿠션과 제2쿠션의 코너 쪽에 같은 간격으로 1~5의 숫자를 적용시켜 적구 포지션을 정하여 수구 포지션과의 관계를 계산해 내는 방식이다.

플럭(Fluck) | 목적하지 않았던 공으로 득점하는 것. 즉, 자신이 겨냥했던 공이 맞지 않고 수구가 굴러가면서 우연히 다른 공에 맞아서 득점한 경우.

헤드라인(Headline) | 긴 쿠션의 바로 앞에서 2번째의 포인트를 연결한 선.
헤드 스포트(Head spot) | 포켓 경기용 당구대의 헤드라인 중앙에 표시된 점.
흰 가루 | 큐를 매끄럽게 하기 위한 가루로서 큐 걸이의 훑는 부분에 칠한다. 지나치게 많이 바르면 에티켓에 어긋난다. 파우더(powder)라고도 한다.

편 저 자	若松和夫
	스포츠서적편집실
발 행 인	남 용
발 행 처	일신서적출판사
주 소	서울시 마포구 신수동 177-3
등 록	1969년 9월 12일 (No. 10-70)
전 화	(02) 703-3001～5 (영업부)
	(02) 703-3006～7 (편집부)
F A X	(02) 703-3009

ISBN 978-89-366-0987-0

ⓒILSIN PUBLISHING Co.   값 10,000원